≡ 昌明文庫‧悅讀文化 ≡

童汝勞———

著

中華美學選萃 中冊

目錄
CONTENTS

隋唐時期

宋元時期

「神制則形從」與「君形者」
——兩漢時期最具代表性的形神關係論

　　「形」與「神」的概念，在先秦時期就已有了。但無論是管子還是荀子，都僅僅是從哲學上談到「形」與「神」，並沒有涉及美和藝術的關係。《孟子》、《易傳》也都談到過「神」，而且是具有美學意義上的「神」，可是又未明確談到「神」與「形」的關係。真正把「形」與「神」作為一對相互依存的概念，並把它們和藝術聯繫起來的，還是從《淮南子》開始的。如《原道訓》篇中說：

　　「夫形者，生之舍也；氣者，生之充[1]也；神者，生之制[2]也；一失位，則三者傷矣。……今人之所以睊[3]然能視，[4]然能聽，形體能抗，而百節可屈伸，察能分白黑，視美醜，而知能別同異，明是非者，何也？氣為之充而神為之使[5]也。」

　　這就是說，人的形體是生命的處所，氣是生命的實質，精神是生命的主宰。只要有一個失去作用，三者都要受到傷害。現今人們之所

1　充：實、充滿。
2　制：裁斷，《說文》：「制，裁也。」這裏指主宰。
3　睊：深目。指目光深邃。
4　：通營，環繞。形容耳朵彎曲狀。意謂耳朵靈敏。
5　神為之使：精神在形體中發生作用。

以目光深邃，耳朵靈敏，身體強壯，關節能伸縮彎曲自如，能分辨白黑，判斷美醜，智慧可以區別異同，明辨是非，是何原因呢？是因為氣的充實而精神發揮著作用的緣故。

可見在《淮南子》裏，「神」與「形」是一種主從關係。形體和血氣是人與動物共有的，「神」則是人才獨有的意志、情感（愛憎）和思維的總匯，還包括了「視美醜」的能力。所以「神」在一切感覺、思維的領域裏起著關鍵的主宰作用。《淮南子》談到的「氣」，顯然來自《管子》。《管子》的《內業》和《心術》篇中用精氣來解釋人的精神現象。《淮南子・精神訓》中反覆強調說：「夫精神者所受於天也，而形體所稟於地也。」「煩氣為蟲，精氣為人。」它們都認為「氣」是第一性的。人的「形」和「神」，也都是由氣構成的，有了氣才有人的生命，也才有思想、情感、智慧等等。不過有一點不同，那就是《淮南子》特別強調「神」對於「形」的主宰作用。比如，《原道訓》中講：「以神為主者，形從而利；以形為制者，神從而害。」《詮言訓》中講：「神貴於形也，故神制則形從，形勝則神窮。」當然，它所謂的「神」不是別的，就像老子常常用「一」、「樸」、「無極」來指代其所謂的「道」一樣，《淮南子》的「神」，也與其所說的「君形者」、「根心」、「本主」，完全是一種實同而名異的特殊稱謂。因此當它在講「神」的時候，其實就是在講「君形者」；當它在說「君形者」之時，其實也就是在講「神」，二者實屬無異。

而《淮南子》也直接把「君形者」與繪畫藝術聯繫起來分析說：

「畫西施之面，美而不可悅；規⁶孟賁之目，大而不可畏，君形者亡⁷焉。」（《說山訓》）

這是說，一個畫家儘管把西施的面孔畫得很漂亮，但不能讓人產生愉悅和美感。把孟賁（古代猛將）的眼睛畫得很大，也不能讓人敬畏，這就是失去了「君形者」，即沒有表現出其內在精神的緣故。

在《說林訓》中它又舉了一個例子說：「使倡⁸吹竽，使工 ⁹竅，雖中節而不可聽，無其君形者也。」

這同樣也是強調在藝術表演中傳神的重要性。因為很明顯，這裏的「倡」與「工」都是善於吹竽的人，但要讓「倡」去吹竽，讓「工」來按孔，這樣的演奏，不是由演奏者自己主宰的，因此無法表現自己內在的精神情感，雖然他們能配合在一起，也符合音樂的節奏，可是演奏起來卻不動聽，這不也是「無其君形者也」的道理嗎？

此外，《淮南子》還以歌、舞為例來論證「根心」、「本主」，也就是論證「君形者」對藝術表演的重要性和必要性，都表現出作者對藝術的深刻理解。

比如《詮言訓》說：「不得已而歌者，不事¹⁰為悲；不得已而舞者，不矜¹¹為麗。歌舞而不事為悲麗者，皆無有根心者。」

6　規：規畫、畫。
7　君形者：主宰形的東西，也就是精神。《莊子·德充符》中有「使其形者」意思同此，可參照。亡：沒有，無。
8　倡：演奏樂器的人。「倡」原作「但」，因字缺壞而成「但」字，這裏從俞樾說改為「倡」。
9　工：演奏樂器的人。「工」原作「氏」，隸書「工」、「氏」二字形近而誤。從王念孫說改為「工」。　：通厭，按也。
10　事：表現。
11　矜：崇尚、追求。麗：華美。

這是說，不得已勉強來唱歌的人，不能表現出歌中的悲哀；不得已勉強來跳舞的人，不能展示出華美的舞姿。這都因為不是出自表演者的內心，「無有根心」，也就是前邊所說的「無其君形者」。

比如《氾論訓》中談到：「譬猶不知音者之歌也，濁之則鬱而無轉¹²，清之則燋而不謳¹³。及至韓娥、秦青、薛談之謳¹⁴，侯同曼聲之歌，憤於志，積於內，盈而發音，則莫不比¹⁵於律，而和於人心。何則？中有本主，以定清濁，不受於外，而自為儀表¹⁶也。」

這段話更為充分、深入地揭示了歌唱者之所以唱得那麼好，既合於音律，又和於人心，其原因之一就在於他們所唱的歌曲，均是發自內在的思想情感（憤於志，發於內）。而這些思想情感非常的深厚、飽滿，以至於已經達到了不得不外溢的地步才唱出來的（「盈而發音」）。原因之二是這些歌唱家唱歌「中有本主」（即有主宰「形」的「君形者」）。他們可以自定音的清濁，不人云亦云（不受於外），能夠「自為儀表」（即自己有自己的法則或標準），所以才唱得那麼動聽感人。這不但再一次地強調了傳神的作用，而且所謂的「自為儀表」還包含了藝術上的獨創性的意思，顯得尤為可貴。

總之，《淮南子》所謂的「神制則形從」與「君形者」之說，既繼承了先秦時期關於「形」與「神」的哲學上的闡釋，又自覺地把它們與藝術聯繫起來進行了具體的分析和論述，的確可以說是漢代美學

---

12 鬱：沉悶。轉：婉轉。
13 燋：憔悴，引申為枯燥、乾巴。謳：和諧。
14 韓娥、秦青、薛談：皆為古代善於歌唱的人。謳：歌唱。
15 比：合。
16 儀表：法則、標準。自為儀表：自己有自己的標準。

中最具有代表性的形神關係論了。這種論點不僅對魏晉時期顧愷之著名的「傳神寫照」說有著直接的啟迪，而且對後來的「神似」、「形似」之辯，「氣韻」、「神韻」、「風神」諸說，都有著很大的影響。

秦楚燕魏之歌異轉而皆樂
——兩漢時期關於美的多樣性、客觀性的全面論述

　　《淮南子》的作者，由於經過了秦至漢的巨大的社會變革過程，且那時的生產已大大地向前發展，取得了比之前更為眾多的自然科學的知識，其眼界便大為擴展。他們觀察世界的視角已不再是囿於「隅曲」之見[1]去爭論真假的「是非」，而是著眼於「宇宙」的整體來看待一切事物。因而不但看到了世界是物質的、變化的，而且還看到了世界的多樣性和複雜性。並在繼承、發揮道家的「無為」之道，兼採儒家「仁義」之說的基礎上，揚棄了秦代法家那種急功近利、片面偏狹的理念和主張。這一切，清楚地反映在《淮南子》的世界觀中，同時，也反映在它的美學思想裏面。例如：

　　「佳人不同體，美人不同面，而皆悅於目。」（《說林訓》）

　　「故秦、楚、燕、魏之歌也，異轉[2]而皆樂；九夷八狄之哭也，

1　「隅曲」之見：眼光狹小，只看到一個角落。此處引自《淮南子・齊俗訓》中的一段話：「至是之是無非，至非之非無是。若夫是於此而非於彼，非於此而是於彼者，此謂之一是一非也。此一是非，隅曲也，彼一是非，宇宙也。」下文之「是非」、「宇宙」之引，皆出於此。
2　異轉：轉指歌聲、樂音。異轉是言音調不同。

殊聲而皆悲。」（《脩務訓》）

「西施毛嬙，狀貌不可同，世稱其美好均也。堯舜禹湯，法藉[3]殊類，得民心一也。」（《說林訓》）

這些說法，從不同的角度較為深刻地說出了美的多樣性。只要是美人，雖然面目相異，身材不同，但人們看到都很喜悅。秦楚燕魏這幾個地方的歌曲，雖然音調不同，可是聽了都讓人愉快。西施毛嬙，相貌不相同，世人對她們的讚揚卻是一樣的。堯舜禹湯，法度很不相同，卻一樣能獲得民心。所以美不是單一的，而是豐富多彩的。

當然，《淮南子》所謂美的多樣性並不僅僅表現在審美客體的多樣性上，還表現在與其相聯繫的條件性、差異性等等方面。如「面甫（酒窩）在頰則好，在顙則醜。繡以為裳則宜，以為冠則譏」（《說林訓》），便是在講美的條件性。酒窩長在女人的臉頰上很好看，可是長在額頭上就難看了。同樣，把花繡在衣服上很適合，繡在男人的帽子上那就讓人笑話了。是說同一事物在此一條件下是美的，在彼一條件下則不美。

《齊俗訓》中說：「夫載哀者聞歌聲而泣，載樂者見哭者而笑。哀可樂者，笑可哀者，載[4]使然也。」《人間訓》中說：「夫歌《採菱》，發《陽阿》，鄙人聽之，不若此《延路》、《陽局》。非歌者拙也，聽者異也。」前者說由於審美主體的心態不同，因而泣笑不一；後者是說因為聽者的素質不高，所以高雅的歌曲不如民間粗俗的歌曲

3　法藉：法：刑法、法律。藉：稅也。泛指其時的典章制度。
4　載：藏，裝載，裝載的東西。

好聽。這裏講的是因審美主體的條件不同而引起的審美的差異性。雖然這種看法在《莊子》、《呂氏春秋》之中都曾經談到過，但是《淮南子》的「非歌者拙也，聽者異也」卻包含了美的客觀性的因素，同時是說，只有審美主體具有「音樂的耳朵」之時，美的客觀性才能成為現實的審美對象。這是它在繼承前人觀點後的新發揮。

至於在美的差異性之外，《淮南子》還談到：「桀有得事，堯有遺道⁵。嫫母有所美，西施有所醜。」（《說山訓》）這已經屬於美的相對性的範疇了。嫫母是個醜女，卻德行高尚，故而「有所美」；而佳人西施，雖然很美，卻未必貞正，故而「有所醜」。桀、堯與此同理。在《淮南子》的作者看來，美與醜是相對的。美的事物或醜的事物，都不是純粹的。世界上沒有絕對的美，也沒有絕對的醜。只不過美與醜既有其各自的量的界限，又有其質的規定性。所以美醜還是可以區別的，並不像莊子所說的「厲與西施，道通為一」。

《氾論訓》說：「夫夏后氏之璜，不能無考⁶，明月之珠，不能無纇⁷，然而天下寶之何也？其小惡不足妨大美也。」這就清楚地表明，再好的美玉、明珠，都不可能沒有瑕疵，但它仍然是美的，仍然受到天下人的喜愛，什麼原因呢？那就是「瑕不掩瑜」（即「其小惡不足妨大美也」）。故而美與丑（厲與西施）不是不可以區分的，它們都有其質的規定性，是客觀上就存在的。

據此，《淮南子》進一步更加明確地談到了美的客觀性：「琬琰

5　桀有句：得：合適，得意，滿足。遺：丟失，遺漏。句意謂桀雖是個無道的暴君，但他也幹過正事。堯，雖然是個有道的明君，但他還是有失道之處。意謂美醜都不是純粹的、絕對的。

6　考：瑕疵。

7　纇：絲上面的疙瘩瑕疵，缺點。

之玉，在涔泥之中，雖廉者弗釋[8]；弊箄甑瓵，在　茵之上，雖貪者不搏[9]。美之所在，雖污辱，世不能賤；惡之所在，雖高隆，世不能貴。」（《說山訓》）意思是說，渾圓的美玉掉在污泥之中，即使是廉潔的人也要把它拾起來；破爛的竹簍瓦罐，放在繡邊的氈褥上面，雖是貪財的人也不會把它拿走。美所在的地方雖是污穢，人們不認為它卑賤；醜所在的地方雖然顯榮，世人也不認為它高貴。像這樣堅決肯定美的客觀性的言論，自先秦以來，的確還實屬首見。它較之儒家對美醜區分及其客觀性的說法，更具體更明確，又與道家在這個問題上的相對主義的言論大相徑庭。

此外，基於「禮樂未始有常」的認識，《淮南子》在談到美的眾多屬性之時，還涉及美的時代性，這卻是又一個很難得的審美觀點。比如它說：「堯《大章》，舜《九韶》，禹《大夏》，湯《大濩》，周《武象》[10]，此樂之不同者也。故五帝異道，而德覆天下；三王殊事，而名施後世。此皆因時變而制禮樂者。……先王之制，不宜則廢之；末世之事，善則著之，是故禮樂未始有常也[11]，故聖人制禮樂而不制於禮樂[12]。」（《氾論訓》）

這就充分體現了《淮南子》的一種歷史進化的美學觀點。這裏包含兩層意思：一是說，歷史是變化的，禮樂沒有永恆不變的常規。一

8　琬琰：琬，一種上渾圓無棱角的圭。琰：《說文》：璧上起美色也。但一般通稱美玉為琬琰。釋：放棄。弗釋：不放棄，意即拾起來。

9　弊：仆倒，死，引申為破爛。箄：同箅，甑蔽。甑：古代做飯用的陶器。　：衣邊。茵：氈褥、坐墊。搏：拾取。句意謂破爛的甑蔽、陶器放在繡了邊的氈褥上面，雖是貪財的人，也不會拿走。

10　《大章》句：皆是各個時代的音樂名。

11　是故句：常：永久，恆常，規律。句意是「禮樂」從來沒有永恆不變的常規。

12　故聖人句：制：製作、控制。前一個「制」是說製作創造。後一個「制」是說抑制、控制。句意謂：所以聖人製作禮樂，而不受禮樂的控制，亦即不被先前的禮樂牽著鼻子走，而貴在創造、創新之意。

個時代有一個時代的審美觀念和藝術需要，因而美（包括音樂）也有它一定的時代性。「不宜則廢之，善則著之。」二是說，美（藝術）的創造製作不要被已有的「禮樂」牽著鼻子走，要適應時代發展的需要，要有自己的創造、創新。用現在的話來說，就是藝術創造要「與時俱進」。這真是很有遠見的發展的審美觀念，就是對當今的藝術創造來說，也還有著很強的意義。

《淮南子》上述一系列關於美的多樣性、客觀性的論述，雖然散見於許多篇章之中，並非集中的系統理論，而且明顯地有著從先秦到魏晉的過渡性的特點，然而它畢竟對美的本質屬性，作出了較之先秦各家來說是最明確、最全面的論述。這對後來魏晉美學的深化和發展，不能不說是起到了一定的「橋樑」作用。

合綦組以成文，列錦繡而為質
——中國美學史上最早關於藝術創作及其形式美的賦論

先秦時期，關於藝術問題的各種見解，通常都包含在廣義的「文」的談論之中，即便是談到「詩」和「樂」，也極少把它們當成純粹的文藝作品來看待。因為「詩」是「言志」的，又明顯地具有歷史文獻的性質，所以孔子把它當做教材來教授弟子。而「樂」呢，在古代又常常和祭祀、典禮聯繫在一起，被當成政教的一種工具，其單純的審美意義也極少被重視。道家尤其是莊子，雖然他那些含有深刻美學意義的言論同藝術創作有著密切的聯繫，但其實它們都是用來比喻或闡釋「道」的，並不直接針對藝術而發。當然，藝術作品的形式美，那就更談不上了。

到了漢代，情況發生了變化。漢賦是在楚辭基礎上產生的一種新的文體，一開始它就以給人藝術美的欣賞為重要特徵，並極大地發展了在楚辭中已經表現出來的那種辭藻描寫的美的追求。作為漢賦成熟

的代表作家司馬相如¹在答友人盛覽問作賦的秘訣時，率先從純粹文藝性的角度作了理論概括。葛洪在《西京雜記》中記載說：

「合綦組以成文，列錦繡而為質²，一經一緯，一宮一商，此作賦之跡³也。賦家之心，苞括宇宙，總覽人物，斯乃得之於內，不可得而傳也。」

我們從三個方面來看。

第一是說作賦首先要突出文章的藝術形式的美。不論是賦的質地，或是文詞，都要像上邊所說的「錦繡」和錦繡之上用彩色絲線所織成的花紋那樣，然後經過編織經、緯，匹配宮、商，相互交錯而又和諧統一，從而構成一種錦上添花的窮極綺麗之美，這才是作賦應遵循的正道。當然這裏暗示著賦所特別強調的排比、對偶、音韻和諧以及寓雜多於統一等形式美的規律。但更重要的是，他強烈地要求「文」與「質」應當交相輝映，賦應當像有鮮豔花紋的織錦那樣美。這樣高度強調文詞奪人心魄的豔麗之美的言論，可以說是前無古人。司馬相如的實踐也證明了他的追求。《子虛賦》、《上林賦》中，處處都可以看到這種對窮極綺麗之美的追求。

1　司馬相如（前179-前117）：西漢辭賦家。字長卿，蜀郡成都人。景帝時為武騎常侍，因病免。工辭賦，所作《子虛賦》為武帝所賞識，因帝召見，又作《上林賦》，武帝用為郎。曾奉使西南，後為孝文園令。據《漢書藝文志》記載，相如共有賦二十九篇。今只能見到《子虛賦》、《上林賦》、《大人賦》、《哀二世賦》、《長門賦》和《美人賦》六篇。其賦大都描寫帝王苑囿之盛，田獵之樂，極盡鋪張之能事，於篇末則寄寓諷諫；文章富於文采，有「錦上添花」的賦論記載，但也存堆砌辭藻之弊病。原集已散佚，明人輯有《司馬文園集》。
2　合綦組句：合：結合，匹配。綦：《說文》，「綦蒼艾色也。」組：絲線。文：文詞，文采。列：陳列。錦：彩色的絲織品。繡：以五彩彰施於五色，作服。質：質地，底子。二句意謂把蒼艾色的帛和絲線結合起來構成文采（指賦的文詞形式）。陳列出五彩的錦繡，而成為質地（指賦的內容）。孔子曾經講過：「文質彬彬，然後君子。」司馬相如講文、質是要在二者接合的基礎上錦上添花。這充分表現了他對文詞形式之美的高度重視和特別追求。
3　跡：足印。《說文》：「跡，步處也。」一說，正道，遵循正道。

例如，他寫上林苑的河流：「蕩蕩乎八川[4]分流，相背而異態。東南西北，馳騖[5]往來。出乎椒丘之闕[6]，行乎洲淤之浦[7]。經乎桂林[8]之中，過乎泱漭之[9]。汩乎混流[10]，順阿[11]而下，赴隘 之口。觸穹石[12]，激堆埼[13]，沸乎暴怒[14]，洶湧澎湃。……東注太湖[15]，衍溢陂池[16]。」（《上林賦》）

　　這裏對上林苑的河流做了非常形象生動的描繪：先是各自分流，相互追逐環繞；後則匯成巨流，順阿而下，奔騰向前，摧石潰隘，銳不可當。整個畫面充滿著飛動的氣勢，蘊藏著萬鈞之動力。如果聯繫其後的山川之美，物產之富，大地之廣，景物之奇，這種文勢的縱橫捭闔，搖曳多姿，音節鏗鏘，錯落有序的確令人心胸歡快，精神振奮，真讓人覺得到了美的極致。這不是在一定程度上折射出大漢帝國雄視天下欣欣向上的國勢和氣魄嗎？再如描寫天子打獵完畢，置酒、張樂的情形：「撞千石[17]之鐘，立萬石之虡[18]，建翠華之旗[19]，樹靈鼉

4　八川：指渭、涇、灃、澇、潏、滈、滻、灞八水，合稱關中八川。
5　馳騖：形容水流如馬的奔馳。
6　椒丘：長滿椒木的小山。闕：指山的兩峰對峙如同宮闕。
7　淤：洲也。古時長安一帶人稱洲為淤。浦：水涯。
8　桂林：桂樹之林。
9　泱漭：廣大貌。 ：古「野」字。
10　汩：水流迅疾貌。混：同「渾」。一說，混：灃，水勢盛大。
11　阿：大丘陵。
12　穹石：大石。
13　堆埼：堆：沙堆。埼：曲岸頭。一說，指堆起的曲岸頭。
14　沸：水聲。
15　太湖：指關中的巨澤。一說，是上林苑東南的昆明池。
16　衍溢：水滿而溢出。陂：池塘。
17　千石：十二萬斤。每石一百二十斤。
18　虡：掛鐘的木架。
19　翠華之旗：用五彩羽毛裝飾的旗。

之鼓[20]；奏陶唐氏之舞[21]，聽葛天氏之歌[22]；千人唱，萬人和；山陵為之振動，川谷為之蕩波。」（《上林賦》）

這種大量運用連詞、對偶、排句，層層渲染，辭采富麗的行文，不是充滿了形式之美，讓人有一種氣勢充沛、波瀾壯闊之感嗎？

當然司馬相如的「合綦組以成文，列錦繡而為質」的主張和其賦作中文詞華美的追求，在後來產生了堆砌、雕琢、浮薄、艱澀等的流弊，但是從它打破儒家處處受政治倫理道德束縛的美的觀念來說，卻也是思想上的一大解放，同時他文藝性的「文」，也是從古代那種廣義的「文」當中明確分化出來的重要一步，標誌著中國文學的審美時代已經來臨，其意義不可低估。

此外值得注意的是，司馬相如為什麼從理論到實踐，都那樣重視和強調賦的窮極綺麗的形式之美呢？除了文詞的華美有加強作品的形象性和感染力的因素之外，還有一點司馬相如沒有提及，或者他根本就沒有想到，但客觀上又的確存在著的一條藝術規律，那就是美的形式雖然為美的內容所決定，然而它還是有其相對獨立的審美價值。我們聽世界三大男高音的演唱，儘管聽不懂歌唱的內容，可是那洪亮、圓潤的嗓音，嘹亮悅耳的歌聲，我們還是感覺很美，就是這個道理。其它如蝴蝶鮮豔的色彩、美麗的花紋，馬蒂斯的油畫「靜物」，杜甫的詩句「兩個黃鸝鳴翠柳，一行白鷺上青天」，以及時裝的新款式、流行色等等，都廣為人們喜愛，這一切都是美的形式具有相對獨立的

---

20 靈鼉之鼓：以鼉皮蒙著的鼓。
21 陶唐氏之舞：指堯時之樂舞。一說，陶唐氏係陰康氏之誤。陰康氏：古帝名，在葛天氏之後。
22 葛天氏之樂：葛天氏：古王者。《呂氏春秋古樂》：「葛天氏之樂，三人操牛尾。投足以歌八闋。」

審美價值的緣故。而且隨著社會的進步，人民生活的提高，人們對形式美的追求興趣將越來越高，這一切我們不能不說源頭在司馬相如。

第二，所謂的「賦家之心，苞括宇宙，總覽人物」，是說作賦構思之時，作者的思想眼界要開闊，要有豐富的想像力。這種想像活動，可以超越時空，概觀人物（包括虛構誇張），不局限在眼前的一些人事、景物之上，才能創作出好的作品。司馬相如的這種觀點和其賦作，雖然受到其時王充、班固、揚雄等人的非議和反對，譏之為「虛詞濫說」，不合「古詩之義」，不能「勸善懲惡」，等等，但是他們的這些批評，因為不符合藝術的規律，又沒有把文學和歷史、哲學區別開來，所以終未形成定論。到了魏晉，陸機在司馬相如賦論的基礎上，又大聲疾呼文學創作的構思要「精騖八極，心遊萬仞」。甚至連對司馬相如頗有微詞的劉勰，也在《文心雕龍》中反覆講道：「文之思也，其神遠矣」，既需「思接千載」，又應「視通萬里」。可見藝術本身所固有的特徵及其規律，是抹殺不掉也批評不倒的一種客觀存在。

第三，「斯乃得之於內，不可得而傳也」是說，作賦除了上述兩點之外，還需有個人的天賦。因為創作中有些東西是不可傳授的，需要個人的領悟和靈性。這個問題，因《淮南子》中已經講得很清楚了（參見本書第四十篇），這裏不再重複。

總而言之，司馬相如的賦論，在中國美學史上是最早最直接地談及藝術創作及其形式之美的一種審美理念。它打破了儒家政治倫理道德觀念對藝術創作的束縛，突出地強調了形式美在文學創作中的重要

作用，開創了對客觀事物進行大量細緻、生動、形象描寫的先河，給後來的浪漫主義文學帶來了巨大的影響。他的《子虛》、《上林》二賦代表了漢賦的最高水準，是其時大家爭相倣仿的範式，在文學史上的意義也是不可小看的。

言為心聲，書為心畫
——兩漢時期最概括的「文如其人」說

　　文藝作品是人內在思想情感的表現這一觀點，「詩言志」說中已經包含，後來《樂記》中「凡音之起，由人心生」的說法，也談到藝術創作同「人心」的密切關係，但它僅僅是針對音樂而言的，司馬相如說「賦家之心，苞括宇宙，總覽人物……」更是強調了作者的「心」（包括思想情感和謀劃）在作賦中的重要作用。但以上諸說，都沒有像揚雄[1]「言為心聲，書為心畫」說講得明確和概括。特別是他在此基礎上還提出了作文和做人的關係問題，意義尤為重要。

　　在其《法言・問神》中他說：「故言，心聲也；書，心畫也[2]。聲畫形[3]，君子小人見矣。聲畫者，君子小人之所以動情乎。」

　　作者首先說口頭語言、書面語言與寫在竹、帛之上的文章（包括文藝作品）都是人內在思想情感或謀劃、思考的外在表現。這裏

1　揚雄（前53-18）：一作楊雄，西漢文學家、哲學家、語言學家，字子雲，蜀郡成都（四川）人。成帝時為給事黃門郎，王莽時，校書天祿閣，官為大夫。早年以文章名世，效司馬相如作《長楊賦》、《甘泉賦》、《獵羽賦》等。他常以孟子自比，主張一切言論應以「五經」為準則。仿《論語》作《法言》，仿《易經》作《太玄》。揚雄美學言論主要見於《法言》。

2　書，心畫也：書：寫，書面語言，文章、書籍。「畫」：《說文》：界也，引申為描繪、圖畫，又有謀劃、思考之意。句意是說：用書面語言寫成的作品，是人內在的思想、謀劃的外在形象表現。

3　聲畫形：形：表現。句意謂反映人思想情感和謀劃、思慮的「聲」、「畫」，表現出來形成書面文字或作品。

「言」為「心聲」比較好理解；「書」為「心畫」則需要說明一下。因為中國的文字是由「象形」發展而來的，最初「寫字就是畫畫」[4]，所以將傳達「心聲」的「言」（包括文學性的政治性的語言）用筆寫出來的「書」，就成了「心畫」。同時由於漢代的「書」又有書籍和著作之義，故而「書」為「心畫」，便非常明確地指出了文藝創作和文學家主觀的思想感情的關係，極大地突出了中國古代美學把文藝看成人內在思想情感的表現這一根本的觀點。它不僅概括了《樂記》的「凡音之起，由人心生」的說法，司馬相如「賦家之心，苞括宇宙，總覽人物」的觀點，而且因「言為心聲，書為心畫」的說法還涉及書法藝術，所以它還強調了文藝所具有的直接訴之於視覺感官的形象性。另外，古代人們常常以「心」為思維器官，因而「心」既有思想情感之意義，又有謀劃、思考的內涵。如《爾雅・釋言》：「謀，心也。」而「畫」，界也，引申為描繪、圖畫，其時又有謀劃和思考的意思。如《漢書・鄒陽傳》：「故願大王審畫」，這個「畫」，就是考慮、謀劃之意。因此這樣一來，所謂的「心」、「畫」便合二而一了。人們便可以將「畫」視之為是說人內心的思想、謀劃的形象和表現了。這點我們從揚雄在《太玄・瑩》中講的「文以見乎質，辭以睹乎情」也可得到充分的印證。因為這裏所謂的「文」和「辭」，是「質」和「情」的外在表現。而「質」（內容或思想）和「情」（情感）又與上文的「心聲」、「心畫」息息相通。所以這二者又是相輔相成的一種修辭的「互文」關係。

在言為心聲、書為心畫的基礎上，揚雄進而提出了「聲畫形，君

---

4 「寫字就是畫畫」：此句引自魯迅《且介亭雜文門外文談》。

子小人見矣」的說法。意思是說反映人內在思想情感和謀劃的「聲」和「畫」，一旦表現出來（即形成書面文字或作品），那麼，作者是君子還是小人，便可看得一清二楚了。這一說法，與其在《太玄·瑩》中所講的「文以見乎質，辭以睹乎情，觀其施辭，則其心之所欲[5]見矣」，意思基本上是一致的，都是說文藝作品同作家的人格、情操分不開，都涉及「文品」與「人品」，作文和做人的關係。

特別是揚雄認為「君子言則成文，動則成德」，是因「弸中而彪外」[6]（《法言·君子》）的緣故，即一個人的修養要達到倫理道德充實於中（「弸中」），文采斐然於外（「彪外」）時，才能「言則成文，動則成德」。所以「聲畫形，君子小人見矣」之說，一方面既暗含著揚雄對其時「外戚持權，人人牽引所私，以充實朝廷」，而「群小日進」[7]的現實的憎惡和輕蔑，同時他又強烈希望「言則成文」的君子，要加強自身修養，達到所謂的「弸中」那樣的一種精神境界，從而做到表裏如一，「文如其人」。

雖然，「聲畫形，君子小人見矣」的說法，明顯地有著儒家倫理思想的局限性，但它在中國歷史上第一次從理論上明確地指出文藝作品同作者人格情操不可分離，在中國美學史上實屬最初、最樸實的「文如其人」的說法。其中「言，心聲也；書，心畫也」這句名言，為後世的作家、藝術家廣泛引述和繼承，影響不可謂不大。如宋代陳

5　觀其施辭句：施：施行、設置，這裏指用。欲：欲望或追求。句意謂看他用的文辭、詞句，作者的追求是什麼，便看得清楚了。

6　弸中而彪外：李軌注：「弸：滿也。彪：文也。積行內滿，文辭外發。」即一個人修養達到倫理道德充實於中，而文采斐然於外。

7　此處引自《漢書鮑宣傳》說：孝成帝時「外戚持權，人人牽引所私，以充塞朝廷。妨賢人路，濁亂天下⋯⋯朝臣亡有大儒骨鯁，白首者艾、魁壘之士⋯⋯請寄為奸，群小日進。國家空虛⋯⋯」。

鬱說畫要「寫心」[8]，明代畫家徐渭「畫如其人」[9]，以及「人品」
與「畫品」高下密切相關等等說法，都無不直接或間接地源於揚雄。

8　陳鬱的「寫心」論：見《說郛》：「蓋寫形不難，寫心惟難。……夫寫屈原之形肖矣，倘不能筆其行吟澤畔，懷
　　中不平之意，亦非靈均。……蓋寫其形，必傳其神，傳其神，必寫其心，否則，君子小人，貌同心異，貴賤忠
　　惡，奚自而別？」
9　徐渭自稱寠人。寠：窮，無禮，指為人清高。他有一段題跋：「牡丹為富貴花，主光彩奪目，故昔人多以鈎染烘
　　託見長。今以澄墨為之，雖有生意，多不是此花真面目。蓋余本寠人，性與梅竹宜，至榮華富麗，風若馬牛，弗
　　相似也。」這裏顯然是在講「畫品」和「人品」的關係，與揚雄之說是一脈相承的。

夫水者，君子比德焉
——兩漢時期典型的、最具代表性的「比德」說

孔子在《論語·雍也》篇中提出「知者樂水，仁者樂山」這一美學命題後，後世思想家多有回應。先是荀子在其《宥坐》和《法行》篇中談了一通關於以水比德、以玉比德的看法，後來孟子、董仲舒以及《韓詩外傳》等，也相繼加以稱引、解釋、發揮，竟至形成了一種「比德」的理論。然而，對孔子的這一命題談得最具體、最具代表性的，要數劉向[1]在其《說苑·雜言》中講的幾段對話。

一段。「子貢問曰：『君子見大水必觀焉，何也？』孔子曰：『夫水者，君子比德焉。遍予無私[2]，似德；所及者生[3]，似仁；其流卑下句倨皆循理[4]，似義；淺者流行，深者不測[5]，似智；其赴百仞

---

[1] 劉向（約前77-前6）：西漢經學家、文學家。本名更生，字政。沛（今江蘇沛縣）人。成帝時，曾任光祿大夫，終中壘校尉。曾閱覽群書，還成《別錄》。作有《九歎》、《洪範五行傳》、《新序》、《列女傳》、《說苑》等。

[2] 遍：普及。與：給予。句意謂普遍給予萬物而無私心（或目的）。

[3] 所及者生：及：到。生：草木生長、產生。句謂水流到的地方草木就生長。

[4] 句：彎曲。倨：蹲坐。句倨：指水流曲折。循：順著。理：條理，指水道。

[5] 不測：測：度量水的深淺。不測即不可測量。

之谷不疑[6]，似勇；綿弱而微達，似察[7]；受惡不讓，似包[8]；蒙不清以入，鮮潔以出，似善化[9]；至量必平[10]，似正；盈不求概[11]，似度；其萬折必東，似意。是以君子見大水觀焉爾也。』」

作者在這段中借孔子之口，回答了水之所以成為「君子」觀照的對象，是由於水的自然形象及其特點與人的精神品質、道德觀念有著類似的地方，「君子」可以把它們聯繫起來，以水的某些特點來象徵人的道德品質。為了說明「水」與「德」的可比性，作者從多側面具體進行比較，從「（水）普遍給予萬物而沒有私心，像（君子）高尚的品德」，一直談到「它經過許許多多的轉折（卻）一定向東流去，像（君子）堅定的意志」，一共談到了似德、仁、義、智、勇、察、包、善化、正、度、意十一個方面。這裏一方面強調說明水的特點可以和人的道德相比附，另一方面也提示人們在欣賞自然美時所獲得的愉悅或美感，除了自然物的形象、特點，其中也包含了道德的內容。

二段。「夫智者何以樂水也？」曰：「泉源潰潰，不釋晝夜，其似力者[12]；循理而行，不遺小間[13]，其似持平者；動而下之，其似有禮者；赴千仞之壑而不疑，其似勇者；障防而清[14]，其似知命者；不

6　仞：長度單位，古以七尺或八尺為一仞。疑：猶豫。
7　微達：無隙不到。察：觀察，仔細看。句意謂，水流軟弱細小無隙不到，像人在仔細觀察一樣。
8　受惡不讓：受：遭到。惡：罪惡、壞、不好。讓：責怪、退讓。句謂遇到不好的地方，它不責怪，像人能包容一樣。
9　蒙不清以入句：以：介詞，用、拿。蒙：覆蓋，句意是說拿混濁的東西放進水裏，出來便鮮亮潔淨，像善於教化的人一樣。
10　至量必平：至：極、最、到達頂點。意謂量到極處水也一定是平的。
11　盈不求概：水盛滿後不需要「概」而能自平。概：俗稱鬥刮子，刮平斗斛糧食用的木器。
12　潰潰：潰：逐也。潰潰：像在追趕的樣子。力：筋也。筋者為體，力者為用。引申為，凡精神所勝任者皆曰力。
13　不遺小間：間：夾縫、間隙。句謂不遺漏一點小的間隙。
14　障防：障：隔。防：堤壩。

清以入，鮮潔而出，其似善化者；眾人取平，品類以正[15]，萬物得之則生，失之則死，其似有德者；淑淑淵淵[16]，深不可測，其似聖者；通潤天地之間，國家[17]以成；是智者所以樂水之謂也。《詩》云：『樂思泮水，薄采其茆。魯侯戾止，在泮飲酒。』樂水之謂也。」[18]

上段文字看來只是在講君子何以見大水必觀的道理，實際上也涉及並回答了知者何以樂水的問題。這段文字表面看是回答智者何以樂水的提問，但它說的其似力者、持平者、有禮者、勇者、知命者、善化者、有德者、聖者，其實也是在闡述君子何以見大水必觀的理由。兩段文字互有參差，各有側重，而道理都是一致的。我們盡可將其聯繫起來，互為補充，總觀水為什麼可以與君子的「德」相比附，其意義就更加清晰、肯定和全面。

三段。「仁者何以樂山也？夫山籠蓯纍嵬[19]，萬民之所觀仰，草木生焉，眾物立焉，飛禽萃焉[20]，走獸休焉，寶藏殖焉，奇夫息焉，育群物而不倦焉，四方並取而不限焉[21]，出雲風通氣於天地之間[22]，國家以成。是仁者所以樂山也。《詩》曰：『太山岩岩，魯侯是瞻。樂山之謂也。』」[23]

---

15 品類以正：品：品評、評定。句謂用正直來品評各類事物。
16 淑淑淵淵：漂漂亮亮的深深的潭水（或美麗深邃的潭水）。
17 國家：國：邦也。家：居處之地。諸侯曰國，大夫曰家。
18 《詩》曰句：引自《詩經魯頌》的《泮水》。意謂僖公高興地來到泮水，一邊去水中採摘 菜，一邊在泮水邊上飲酒。這叫做樂水。
19 籠蓯纍嵬：籠蓯：青翠高峻的樣子。纍嵬：疊韻字，山也。指山的外貌。
20 萃焉：萃：聚集、停止。焉：於此，在那裏。
21 限：限制、界限。
22 出雲見句：出：本謂草木，引申為生長。云：山川氣也。風：八風。八方、八節、八卦之風皆一也。通：通行，暢通。氣：雲氣。句意謂，山生長出來的山川雲氣、八方之風，暢通在天地之間。
23 《詩》曰句，引自《詩經·魯頌》，意謂泰山氣勢雄偉，僖公因之而觀仰。這叫做樂山。

這是回答「仁者何以樂山」，是因為山有青翠高峻的外貌，（是）萬民所觀仰的自然物，草木生長在那裏，眾物生存在那裏，飛禽聚集在那裏，走獸在那裏休息，寶藏在那裏繁殖（增長），奇異的男子在那裏休息，（它）養育許多的生物但不厭倦，四處一齊來從中取出卻不限制它們，生長出的山川雲氣八方之風，暢通在天地之間，天子諸侯的國、大夫的家用（它）來完成（或實現）。這是仁者所以樂山的原因。

　　上述關於「比德」說的論斷和闡釋，其要點皆在於說明，人們在欣賞自然美時，可以將自然物的某些屬性，用來象徵、比擬人的精神品質和道德觀念。所以不論是以水比智，還是以山比仁，都是把人的內在的品格，與經驗中的山水的特點相類比，從而賦予了這種內在的美以具體可感的形式。這一論說既涉及了美學上關於自然人化的問題，同時也開闢了一條藝術創作之路，為後來文藝創作中的「托事於物」、引類譬喻，以及託人之精神品質於自然之物的創作方法提供了可靠的理論根據。

　　杜甫的《望嶽》詩，在描寫了泰山雄峻秀麗的形象之後，為什麼發出了「會當凌絕頂，一覽眾山小」的慨歎？為什麼在國畫之中會一而再、再而三地出現「四君子」、「歲寒三友」之類的美術作品？甚至在當今，像《紅梅贊》、《長江之歌》等歌曲為什麼廣為傳唱，且層出不窮呢？這一切不都是由於有「比德」的因素在起作用嗎？由此可見，「比德說」影響之大，生命力之強，堪稱是一種經典的藝術理論。

文有真偽，無有故新
——中國美學史上第一個旗幟鮮明的文化藝術
標準說和發展觀

　　崇古的思想，在先秦時期就有了廣泛的影響，儒道兩家雖出發點不同，但都有一定的復古傾向。漢代因儒家定為一尊，頌古非今的觀念更為普遍。到了東漢讖緯虛妄之說正興，統治階級已逐漸失去了原先的氣魄，拘謹的尊古風氣日趨濃厚。正如王充[1]所說的那樣，其時「述事者好高古而下今，貴所聞而賤所見，辯士則談其久者，文人則著其遠者」。「比喻之證，上則求虞夏，下則索殷周。」（《論衡·齊世篇》）他認為這種尊古卑今的風尚是毫無道理的，必須予以揭露和反對，否則任此迷信古人之風盛行、氾濫，一切真偽、是非便都給搞亂了。他提出的「文有真偽，無有故新」等一系列旗幟鮮明的主張便是對崇古之風的批駁。他說：

　　「周有鬱鬱之文者，在百世之末也。漢在百世之後，文論辭說，

1　王充（27-約97）：字仲任，會稽上虞（今浙江上虞）人，出身「孤門細族」。曾任縣史。著有《論衡》，是東漢傑出的唯物主義思想家。王充的美學思想是從屬於其無神論的世界觀。針對當時流行的虛妄、模擬復古風氣，他提出了「文有真偽，無有故新」等一系列的主張。雖然他所談的「文」，仍是廣義的「文」，但涉及文章的獨創性，風格的多樣性，形實、情辭的統一等，對後來的文藝發展還是有很重要的影響。

安得不茂²？……盧宅始成，桑麻才有，居之歷歲，子孫相續，桃李梅杏，庵丘蔽野，根莖眾多，則華葉繁茂。漢氏治定久矣，土廣民眾，義興事起，華葉之言，安得不繁³？（《超奇篇》）

這是說，漢代已經處於百世之後，社會生活和生產都大大地向前發展了，比之周代的「鬱鬱之文」，當今的「文論辭說」、「華葉之言」，又怎麼能不繁榮、發展呢？顯然，王充的這一說法是從社會生活是「實」，文化藝術是「華」的關係來論證文化藝術發展的必然性。它不但體現了今人所說的「上層建築是經濟基礎的必然反映」的唯物主義發展觀，同時也是對「尊古卑今」復古主義的一種根本上的否定。

對文化上的「尊古卑今」，王充還從文化藝術的基本要求（「真美」、「實用」）出發來加以批駁，並藉以闡明文化藝術應當發展、必然發展的根本道理。

例如他說：「夫俗好珍古不貴今，謂今之文不如古書。夫古今一也。才有高下，言有是非，不論善惡而徒貴古，是謂古人賢今人也。……蓋才有深淺，無有古今；文有真偽，無有故新。……睹奇見異，不為古今變心易意⁴，實事貪善⁵，不遠為術，並肩以跡相輕。」（《案書篇》）

---

2 茂：美、盛。

3 華葉之言句：繁：茂盛、多。華葉之言：指上層建築，與前邊的「根莖眾多」（經濟基礎）相呼應。這裏泛指文化（藝術）的著作或言論。安得不繁，怎麼能不繁榮發展呢？

4 睹奇見異：奇：特異、美好。異：特殊、怪異。奇、異：均指文章作品的怪異或美好。變心易意：改變自己原來的看法，或評價的標準。

5 貪善：貪：仰慕。貪善即仰慕優秀的文章或人事。

這充分說明，不講善惡是非只知以古為貴是完全錯誤的。因為「文有真偽，無有故新」，「真」、「偽」才是問題的關鍵，是決定取捨的標準。而且「才有高下，言有是非」，古今都毫無例外，何來「珍古不貴今」之理呢！所以對於那些「言非是偽」的東西，「高古」、「下今」的說法，王充都持堅定明確的反對態度。而對於歷代的作者和作品，他卻要求要如實地進行評價，既不因作品產生時代的早晚而改變評價的標準，也不因是同時之人就認為經歷平凡而加以輕視。這也說明王充在反對文化上的復古主義之時，並不籠統地否定古人、古書。只是主張以真偽、虛實作為必要的根據，反對以古今作為取捨的標準而已。由此可見，王充在這個問題上的態度還是客觀的，要求也較廣泛，反對「厚古薄今」，卻並不提倡「厚今薄古」。

王充還進一步指出：「漢在百代之末，……無鴻筆之論[6]，不免庸庸之名。論好稱古而毀今，恐漢將在百代之下，豈徒同哉！」（《須頌篇》）這裏，更加明確地強調了文化藝術發展的重要性。因為在他看來，漢代已經處在百代之末了，文化上如果沒有發展即「無鴻筆之論」，非但免除不了平庸的名聲，而且議論問題又都喜歡頌古非今，這樣恐怕漢代就要落後，處於過去所有的朝代之下，怎麼可能與人家相同呢！

為了證明上述觀點的正確，王充又從文化藝術應有的多樣性和獨創性來說明盲目從古、因襲前人的荒謬和文化藝術發展的必然規律。他說：

---

6 鴻筆之論：鴻：大。指大手筆的文章或鴻巨制。

「飾貌以強類者失形[7]，調辭以務似者失情[8]。百夫之子，不同父母，殊類而生，不必相似，各以所稟，自為佳好[9]。文必有所合，然後稱善[10]，是則代匠斲不傷手，然後稱工巧也[11]。文士之務，各有所從，或調辭以巧文，或辯偽以實事[12]。必謀慮有合[13]，文辭相襲，是則五帝不異事，三王不殊業也[14]。美色不同面，皆佳於目；悲音不共聲，皆快於耳。……謂文當與前合，是謂舜眉當復八彩，禹目當復重瞳。」[15]（《自紀篇》）

他明確指出，「文士」各有不同的個性特徵，應當「各有所稟，自為佳好」，而不應該處處因襲前人、他人。如果「文必有合」才可稱「工巧」的話，那是絕不會有好文章的，因為「修飾容貌強求與別人類似，便失去了自己的本來面目。修辭造句力求與前人相似，便損害了自己原來要表達的意思」。所以沒有個性特徵的作品也不會是成功的作品。而且天下萬物都是「殊類而生」，本來文章和美就是多種多樣的，即令是「五帝」、「三王」也皆是「異事」、「殊業」，並不相互因襲。因此倘若一味地因襲前人、古人，那就會鬧出「舜（也同堯一樣）眉復當八彩」、「禹（也同舜一樣）目當復重瞳」那樣的笑話來。在《超奇篇》中他還打了一個比方，大意說你到了山裏，能知道各種樹木和野草的名稱，但你不會伐木以作屋，不會採草以和方

7　飾貌句：強類：強求類似。句意謂修飾容貌強求與別人類似，便失去了自己的本來面目。
8　調辭句：調辭：修辭。句意是，修辭造句力求與前人相似，便損害了原來要表達的意思。
9　自為佳好：各自有各自美好的地方。
10　文必有句：如果修辭造句必須與前人雷同，才能稱得上好文章。
11　是則句：斲：削。是說只有代替大匠去斲削木材而不會傷手的人，才能稱得上技藝高超！
12　或辯句：實事：事情的真相。句意謂有的人好辨別真偽以論證事情的真相。
13　必謀慮有合：謀：思考，這裏指構思。句意謂如果一定要構思相同。
14　不異事：做同樣的事。不殊業：建立同樣的功業。
15　八彩：傳說堯的眉毛有八種顏色。重瞳：傳說舜的眼睛有兩個瞳人。

藥，那你便只是止於「知」，而不能「用」，你就不是一個創造者。天下「好學勤力，博聞強記」的人很多，但不能創造，那便屬於「鸚鵡」一類的，有何可貴？真正可貴的是要善於創造，屈原就是這種善於創造的奇才。這也是說明文化藝術的發展，必須通過創造，及其內容、形式風格的多樣才能實現的道理。

總之，王充的「文有真偽，無有故新」之說，及其一系列相關的精闢見解，在中國美學史上實屬第一個旗幟鮮明的文化藝術的標準說和發展觀。它不僅回答了時人對其《論衡》提出所謂「不合經傳」、「不類前人」的無理指責，同時也是對其時「頌古非今」的復古主義，以及那些「鸚鵡一類」的有力批判。從晉代的葛洪到清代的葉燮，歷史上的一些反覆古主義思想家幾乎都受王充觀點的啟迪或教益，可見其意義之大。

《草書勢》[1]
——中國歷史上第一篇最富美學思想的書論

　　先秦時期美學思想的發展與藝術的聯繫，主要集中在詩樂方面，極少涉及書法。這是因其時的文字「書寫」都是使用竹簡和縑帛的緣故。竹簡笨重，縑帛價昂，極大地束縛了書法藝術的普及和推廣。所以儘管自從「鳥篆」、「蟲篆」在簡、帛上出現後，人們已經不知「書寫」了多少年代，到了秦代又有「秦書八體」[2]之說，然而人們對於書法在美學意義上的探討，卻只有零星的記載，並無比較系統的總結和闡述。

　　漢代一改往日的冷清和寂寞，迎來了書法史上的一個黃金時代。漢代書法的興盛一方面是由於產生了新的書寫材料，出現了蔡倫用樹皮、麻頭、破布製作的「蔡侯紙」[3]，這種紙給文字書寫帶來了革命性的變化。另一方面也因為許多統治者如漢武帝劉徹、光武帝劉秀、

1　《草書勢》：作者崔瑗，字子玉。涿郡安平（今河北深縣）人。生卒年代不詳。一生仕途坎坷，幾次險遭誅殺。他擅長草書，是漢代大書法家。常與張衡、馬融為友，曾師從著名的書法家杜度。其著《草書勢》（勢一作體）比較系統地概括了草書藝術的若干特徵，是中國歷史上第一篇論述書法藝術的文章。原書已亡。只是在《晉書衛恒傳》中尚存衛恒的《四體書勢》引述《草書勢》全文。雖然不可能是原作面貌，然其基本思想和主要措辭本於崔瑗，是完全可信的。

2　八體：指大篆、小篆、刻符、蟲書、摹印、署書、殳書、隸書八種書體。

3　「蔡侯紙」：指東漢和帝時，宦官蔡倫在集中了前人經驗之後，用樹皮、麻頭、破布等原料製作的紙張。這種紙，價格低廉又很適用，很快便在全國推廣。

安帝劉祜以及許多皇后對書法的喜愛和極力提倡，特別是東漢靈帝（劉宏）時，朝廷還設立了鴻都門學這樣的專門機構。當時，不僅出現了「善書之人鱗集，萬流仰風，爭工筆劄」[4]的景象，而且還產生了像杜度、張芝、蔡邕等一大批書法大師。這一切為書法藝術的迅猛發展和書法理論的產生，提供了深厚的土壤和前提條件。崔瑗的《草書勢》在這樣的背景下應運而生，其意義當然是非同凡響，也可以說是劃時代的。

據《全後漢文》卷四十五所載《草書勢（體）》的全文是：

「書契之興，始自頡皇；寫彼鳥跡，以定文章。爰暨末葉，典籍彌繁。時之多僻，政之多權。官事荒蕪，剿其墨翰；惟作佐隸，舊字是刪。草書之法，蓋又簡略；應時諭旨，用於卒迫。兼功並用，愛日省力；純儉之變，豈必古式？觀其法象[5]，俯仰有儀；方不中矩，圓不副規。抑左揚右，望之若欹[6]。竦企鳥跱[7]，志在飛移；狡獸暴駭，將奔未馳。或黝點染，狀似連珠，絕而不離。蓄怒怫鬱，放逸生奇[8]；或凌邃而惴慄[9]，若據高而臨危。傍點邪附，似螳螂而抱枝。絕筆收勢，餘綖虯結[10]。若山蜂施毒，看隙緣巇[11]；螣蛇赴穴，頭沒

4　此處引自康有為的《廣藝舟雙楫》卷二《本漢》。
5　法象：即象天法地，以天地間之萬物為取法之意。
6　欹：歎美之詞，相當於白話的「啊！真美！」
7　竦企鳥跱：竦：伸著脖子。企：踮起腳後跟：跱：置、止。《廣雅》云：「跱，止也。」句意謂像站在那裏伸著脖子踮起腳後跟的鳥一樣。
8　蓄怒二句：蓄：積聚、儲藏。怫鬱：心情不舒暢。放：放縱、放任。逸：安逸、舒適。奇：罕見的、出人意料的，二句意思是說有的草書像人積聚著憤怒，心情很不舒暢；可是放縱開來又產生出乎意料的安逸和舒適。
9　惴慄：不安，害怕得發抖的樣子。
10　餘綖虯結：綖：覆蓋在帽子上的裝飾，一作線解。虯：龍，引申為像虯龍那樣盤曲。句意謂絕筆收勢像是用多餘的裝飾線頭編織成盤曲的虯結那樣。
11　巇：縫隙、險峻。

尾垂。是故遠而望之，漼¹²焉若注岸崩涯；就而察之¹³，即一畫不可移。纖微要妙¹⁴，臨事從宜¹⁵。略舉大較，彷彿若斯。」

這是書法家崔瑗多年書法實踐的心得結晶，也是他從藝術欣賞、審美感受出發，對草之所以為草作出的高度概括和比較系統的總結，也是中國歷史上第一篇最富美學內涵的書論。當然，文中一些觀點，並非首創，如文字起源（「書契之興，始於頡皇」）、書法的形象、取法（「觀其法象，俯仰有儀」，《易傳》中早有「仰則觀象於天，俯則觀法於地」、「近取諸身，遠取諸物」的說法）等。但說草書的產生是由於「典籍彌繁」、「政之多權」即政治事務的繁忙，要求書寫簡易快速，從而能夠「愛日省力」，節省人力和時間，卻是合乎實際的，是符合書法藝術發展過程中所體現出來的實用先於審美的這一根本規律的。

我們以為，《草書勢》的美學意義，重要的並不在於它講述了草書的產生和發展，而在於它通過對草書藝術特徵的生動概括和總結，開闢了詩樂藝術之外的一個新的美學領域。

首先，它說草書「方不中矩，圓不副規；抑左揚右，望之若欹」，說明草書的體勢不同於「古式」的篆書、隸書那樣的凝重、沉靜、方正平衡，而是具有俯仰若定，縱橫捭闔，揮灑自如的特點。雖然它不平、不直、不方、不圓，然而它的一筆一勢，抑、揚、頓、

---

12 漼：深貌，水深的樣子。
13 就而察之：就：靠近。察：觀察，仔細看。句意謂靠近了仔細地看那草書之字。
14 纖微要妙：纖：細小。微：微妙、隱蔽。要：要領、關鍵。句意謂碰到微妙關鍵之處。
15 臨事從宜：臨：到、面對。事：事情、做。宜：合適、適宜、應當，引申有合乎事物固有的特性、特點之意。句意是說面對具體的事情（指書寫文字到微妙關鍵之處）要根據其特點靈活對待。

挫，卻讓人看起來非常的美（「抑左揚右，望之若欹」），又說明草書藝術衝破了「古式」書法嚴格的規範，取得了較之篆、隸無法比擬的高度自由，從而給人以形式美的愉悅。在指出草書的用筆有其高度自由的特點之後，它又明確地談到，成功的草書「就而察之，一畫不可移」（靠近來觀察，卻是一筆一畫也不能改動）。可見這種高度的自由，又是有其不可移的規律性，並非隨心所欲，而是在「纖微要妙」之處，必須「臨事從宜」，就是說行筆到微妙關鍵之所在，一定要根據情況靈活處置，怎樣做適宜，便怎樣運筆。這一點是非常深刻的，它既說出了無法中的有法，又體現了自由和必然統一的規律。所以不僅對草書藝術來說是一條必經的重要途徑，對後世的寫意畫、詩詞、書法以及音樂創作等也都有著普遍的啟示意義。

其次，文中用大量形象生動的譬喻，反覆強調草書藝術具有強烈的運動感和鮮明的形式美。這是草之為草所獨有的重要特徵，也是人們觀賞草書時何以常常無須知其書寫內容，便可從其龍飛鳳舞的筆劃中獲得美的享受的緣故。例如「竦企鳥跱，志在飛移」，是說有的字像伸著脖子，踮起腳跟的鳥兒一樣站在那裏，正想著要遠走高飛。讓人感到非常親切、可愛。而「狡獸暴駭，將奔而未馳」，則是說有的字像猛獸突然受到驚駭，想跑而又未曾逃，猶豫徘徊的樣子讓人又感到那麼形象生動。有的地方用筆點附一下，便「似螳螂抱枝」那般地活靈活現；有的沿著洞孔縫隙看去，又像「螣蛇赴穴，頭沒尾垂」那樣妙趣橫生。是故從遠處看去（整幅草書）就像一條深深的溪流：岸上注滿了流水，水邊也已崩裂。總之，滿眼都飛流著的詞波字浪迎面撲來，讓人目不暇接，美不勝收。這一切形象生動的取譬和表述，不

僅充分展現了草書藝術有著不同於靜態的篆書、隸書那樣的獨特的動態美，而且還說明草書的形式美多樣豐富、具有高度自由的特徵，因而它更具有其相對獨立的審美價值。

此外，《草書勢》所講的草書藝術形象還能引起人們「蓄怒怫鬱，放逸生奇」，或者還有「淩邊而惴慄，若據槁而臨危」（受到侵犯害怕得發抖，像靠著枯木頭從高處往下看那樣危險）的情感狀態。在此之前揚雄在其《法言·問神》中已經明確地講過：「言，心聲也；書，心畫也。……聲畫者，君子小人之所以動情乎。」這說明，在揚雄那個時期，書法已經被認為是具有情感表達功能的一種藝術，而崔瑗的這些說法，是將前人抽象的理論具體化形象化，從而增強了可感性和說服力。

《草書勢》問世後，不但直接為其後的「草聖」張芝所取法，而且對其時的許慎、蔡邕等文字學家、書法家都產生了不小的影響。而東漢末年趙壹寫了《非草書》還對它提出駁難，把《草書勢》說成是無聖無法的雕蟲小技，應予罷廢。然而由於《草書勢》所概括的草書藝術的基本特點，畢竟是合乎實際的，是符合書法藝術的真知灼見，其巨大的感染力、說服力愈加強大，推動著草書藝術的迅猛發展，並對漢末以後盛行的人物品藻（尤其是對《世說新語》）產生了重大的影響，甚至直到今天依然具有相當的現實意義。

魏晉時期

夫文，本同而末異
——中國美學史上嶄新的、涉及作家與作品關係的文體論

中國美學思想的發展，從先秦時期百家爭鳴的源頭開始，中間經過兩漢的過渡，到魏晉南北朝時逐漸深入展開，並迎來了一個文學藝術的，也是美學的自覺時代。當然，這一自覺時代的出現，主要是由於獨尊儒術局面的瓦解，玄學的興起，老莊思想的回歸以及佛學的融入，給士人帶來了思想上的解放和多元的思考。同時，也因為文學藝術的日益發展和豐富多樣，讓時人漸次認識到文學藝術自身的價值與作用。這一時期學術思想異常活躍，產生了一大批很有美學價值的著作。曹丕[1]的《典論·論文》[2]便是其中具有開創性的一篇論著，它所提出的「夫文，本同而末異」之說，則是中國美學思想史上最早的涉及作家與作品關係的文體論，客觀上體現了文、藝門類日趨細緻、多樣的迫切需求，同時也是其時審美意識、審美觀念日益自覺的一種必

---

1 曹丕（187-226）：字子桓，沛國譙（今安徽亳縣）人。曹操次子，操死後襲位為魏王，行九品中正制。不久代漢稱帝，都洛陽，國號魏，稱魏文帝。愛好文學，《燕歌行》是現存最早的文人七言詩。《典論論文》對後世有很大的影響。後人輯有《魏文帝集》。

2 《典論論文》：《典論》，是曹丕精心結撰的一部著作。據《魏書》載曹丕《與王朗書》稱：「所著《典論》詩賦，蓋百餘篇。」全書大概在宋代便已亡佚。《論文》是《典論》中的一篇。它的特點，與此前的專論一書一文的文章（如《詩大序》、《離騷序》等）不同，而是論及多種文體，多個作家，並談到作家和作品的關係，文章的地位和作用等文學藝術中諸多帶普遍性的問題。

然的反映。

《論文》中說：「夫文，本同而末異，蓋奏議宜雅，書論宜理，銘誄尚實，詩賦欲麗[3]。此四科不同，故能之者偏也；唯通才能備其體。」

所謂的「本」，大致是指基本的規則而言的，「本同」是說一切文章的共同性。如形式上，文章要用合乎語法或約定俗成的字、片語成句子，由不等的句子組成段落，再由若干的段落構成篇章。在內容上，文章又必須表現一定的「事」、「理」、「情」（包括抽象的哲理，和具體的事件），決不可言之無物，空話連篇。這都是一切文章共有之「本」。這一點，歷來的研究者都非常重視。而所謂的「末」則是指不同的文體，或者說是不同的藝術形式，都具有其不同的表現方法和風格特點。這一點，卻常常被歷來的研究者所忽視。曹丕對奏、議、書、論、銘、誄、詩、賦八體文章，雅、理、實、麗四種不同風格特點的分析，作為其「末異」的具體闡釋或表述，雖然還顯得粗略一些，但這一說法卻是前無古人的，大體上抓住了各種體裁獨有的特點，是他對文體的劃分和作品風格分析所作出的歷史性貢獻。這正如郭紹虞先生在其《中國文學批評史》中所說的那樣：

「儘管這裏（指《論文》對文體、風格特點的分析）所提到的各種文體特點，未必完全正確，（但）在曹丕以前，人們對於文章的認識，限於本而不及末，本末結合起來的看法，在文學批評史上，是曹丕首先提出的，它推進了後來的文體研究。」

3　奏議宜雅四句：這是曹丕對文章的體裁風格的概括。後人雖有異議，但作品體裁風格的四科八體之說在這裏首先提出，也大體抓住了各種文體的主要特點，歷史貢獻不可低估。

實際上也確是如此。曹丕的「本同末異」之說不僅直接為魏末桓範的《世要論》所繼承和發揮，而且對摯虞的《文章流別論》，以及陸機的《文賦》、劉勰的《文心雕龍》等關於文體的研究都產生過重要的影響。

至於「此四科不同，故能之者偏也；唯通才能備其體」，則涉及了作家才性和作品體裁風格的關係問題。意思是說奏議的雅，書論的理，銘誄的實，詩賦的麗，這四種文體和風格都是不同的，因此一個作家很難兼善各種文體，故稱之為「偏」。唯獨「通才」，即兼長多種文體的全才，方能夠「備其體」。

在曹丕看來，作家的才性是有「偏」、「通」之別的。既然通才可以兼長各種文體，偏才只能善其一二，那麼作家的才性對於作品的體裁風格便具有了決定性的作用。在此基礎之上，曹丕接著提出了「文以氣為主」之說，並聲言：

「氣之清濁有體[4]，不可力強而致。譬如音樂，曲度雖均，節奏同檢[5]，至於引氣不齊，巧拙有素，雖在父兄，不能以移子弟。」

這樣一來，曹丕便順理成章地將先秦以來關於氣的理論（如孟子的「養氣說」，王充的「元氣自然論」等），從哲學的範疇引進到美學範疇來以氣論文，並使之成為後來許多文論、畫論大家如謝赫、劉勰、鍾嶸等廣為談及的重要範疇。這不能不說是曹丕的又一歷史性貢獻。

4　氣之清濁有體：體，此處作區分之意解。清濁意近《文心雕龍·體性》所說的氣有剛柔。剛近於清，柔近於濁。氣清是說剛健清新，氣濁猶言重濁柔弱。
5　節奏同檢：音調緩急的度數為節，更端為奏。檢：法度。意思是說節奏的規則都是同樣的。

曹丕認為，「氣」（作家的氣質、才性）是「文」（作品的風格特點）形成的主要的決定性因素；「氣之清濁」，即作家的氣質、才性、表現風格分為清濁兩大類的。而「清」，是俊逸超邁的陽剛之氣，如「孔融氣體高妙」，「公幹（劉楨）有逸氣」都是講的清氣。「濁」則是指凝重舒緩的陰柔之氣，如「徐幹時有齊氣」，便是凝重舒緩之氣，亦即濁氣。他對建安七子的氣質才性與作品的優劣、長短的劃分，都是以這一觀點為基礎的。[6]曹丕將「氣」分為清濁兩類，並認為藝術創作表現的是作者之氣質、才性，不同的氣質才性又決定著作品的不同風格。作家的氣質、才性，對於風格的形成有著如此的重要性，這在風格研究史上也是第一次提到。只不過曹丕在談到作品風格的形成主要取決於作家的氣質才性之時，僅只強調了與生俱來的天賦的一面，而忽略了後天的社會實踐和學習、鍛鍊所起的重大作用和影響，因而其「巧拙有素，雖在父兄，不能以移子弟」之說，便顯得有點片面。

總之，《典論·論文》認為文章是「經國之大業[7]，不朽之盛事[8]」，在此基礎上，提出的「夫文，本同而末異」之說、「文氣說」、「批評觀」，反映了文學藝術、美學思想觀念的逐漸明確和自覺，在一定意義上可以說是中國文學藝術、美學思想發展的一個重要標誌。

---

6 對建安七子的評價：見《典論論文》：「王粲長於辭賦，徐幹時有齊氣，然粲之匹也。如粲之《初征》、《登樓》、《槐賦》、《征思》，幹之《玄猿》、《漏卮》、《圓扇》、《桔賦》，雖張（張衡）、蔡（蔡邕）不過也。然於他文，未能稱是。琳（陳琳）、瑀（阮瑀）之章表書記，今之雋也。應瑒和而不壯，劉楨壯而不密。孔融體氣高妙，有過人者，然不能持論，理不勝辭，以至乎雜以嘲戲。及其所善，揚、班儔也。」

7 經國：經：治。治理國家。

8 不朽之盛事：《左傳》曰：「太上有立德，其次有立功，其次有立言，雖久不廢，此之謂不朽。」文章屬於「立言」範圍之內，所以說文章是「不朽之盛事」。

四十九

得意忘象
——魏晉時期最具時代特色、玄意很濃的審美觀

　　我們知道，魏晉南北朝是一個思想自覺的時代，是「精神史上極自由、極解放，最富於智慧，最濃於熱情的一個時代」[1]。這也是一個美學自覺的時代。這一時期產生了一大批極富美學思想的論著，又提出了許多很有影響的美學命題。魏晉美學的發展，深受其時所謂的「三玄」（即《老子》、《莊子》、《周易》）的影響，特別是受老、莊的影響尤深，甚至在士人中流傳有「三日不讀《老》《莊》，則舌本間強」[2]之說。因此說，魏晉美學的發展，在一定意義上可以看做是回到老莊美學的一個運動。在這個運動中，年僅二十四歲即英年早逝，才華橫溢的王弼[3]，便是其中一個傑出的代表。敏澤先生曾高度稱讚說：「他的學說，開了一代新風，起到了劃時代的作用。」[4]王弼提出的「得意忘象」（含「得意忘言」）之說，便是魏晉時期最具

1　宗白華：《美學散步》（上海市：上海人民出版社，1981年），頁177。
2　見聞一多《古典新義莊子》。如他說：「一到魏晉之間，莊子的聲勢忽然浩大起來。崔譔首先給他作注，跟著向秀、郭象、司馬彪、李頤都注《莊子》……他們說：『三日不讀《老》《莊》，則舌本間強。』」
3　王弼（226-249）：字輔嗣，魏國山陽（今河南焦作市）人。曾任尚書郎。與何晏、夏侯玄等同開玄學之風，共倡道學。著有《周易注》、《周易略例》、《老子注》、《老子指略》等。王弼是一代奇才，癇疾夭逝，卒年僅二十四歲。
4　此處引自敏澤《中國美學思想史》第一卷（濟南市：齊魯書社，1987年），頁465。

時代特色的玄意很濃的審美觀，對後世的文學、藝術都有很大的影響。在《周易略例·明象》中他說：

「夫象者，出意也。言者，明象也。盡意莫若象，盡象莫若言。言出於象，故可以尋言以觀象；象生於意，故可尋象以觀意。意以象盡，象以言著。故言者所以明象，得象而忘言；象者所以存意[5]，得意而忘象[6]。……是故，存言者，非得象者也；存象者，非得意者也。象生於意而存象焉，則所存乃非真象也；言生於象而存言焉，則所存乃非真言也。得意在忘象，得象在忘言。故立象以盡意，而象可忘也；重畫以盡情，而畫可忘也。」

這段話除了從正面闡述「象」產生於「意」，所以循著「象」便可觀察到「意」，「意」要靠「象」來充分地顯現，所以得到了「意」（或為了取得「意」）就應「忘象」（「言」與「象」的關係同理）之外，還從反面來反覆地強調說，如果不能「忘象」，僅是「存象」（觀察到「象」），那所觀察到的「象」就不是真正的「象」（「言」之於「象」也是同理）。最後的結語說：「立象」用來充分表達「意」，「象」便可以捨棄；看重畫用來充分表達情感，畫就可以捨棄了。

一、從表面上看，王弼是以其《周易略例·明象》中的「得意而忘象」，來闡釋《易傳》的「立象以盡意」。其實他的「得意而忘象」是直接源於莊子的「得意而忘言」之說。他在「意」與「言」中間加

5　象者所以存意：象：具體的物象。存：觀察、存在。所以：表行為方式，相當於用來……的事物、的原因等。意：義理、意義。句意是說，具體的物象是用來觀察義理的事物或手段。
6　得意而忘象：意：本指義理、意義，但這裏可以「忘象」的「意」，則具有突破具體物象進而展示宇宙本體和生命的意思。忘：忘記、捨棄。象：物象。意思是說審美創造和審美欣賞，不要受有限的物象的限制，而要超越它，通過具體物象去獲得或展示其無限的、普遍性的義理，即「象外之象」或「象外之意」。

進了「象」，組成了「得意而忘象」、「得象而忘言」的遞進結構，更加豐富了莊子的理論。他實際上是借著對《周易》的闡釋來發揮《莊子》的觀點。這本身就是在談玄論道，是魏晉時期士人群體崇尚「三玄」之風的一種突出表現。這是其「最具時代特色」的緣由之一。

王弼將「象」與「畫」相提並舉，從而把哲學和藝術聯繫起來，成為一個可以互文的修辭結構。可見，所謂「得意而忘象」的「象」，已不再是老子用來指稱其「道」的「象」或「大象」，並且也不同於《易傳》中用來說明事理之卦象的「象」，而是物象、形象兼而有之的藝術形象了。這正如宗炳將老子的「滌除玄鑒」發展而為「澄懷味象」，謝赫把先前的「氣」與「精氣」的概念引進他的「氣韻生動」說那樣，王弼的「得意忘象」之說，確實已經將哲學範疇的「象」，轉化為美學範疇的「象」了。這是其「最具時代特色的」審美觀的又一緣由。

此外，王弼對「意」和「象」的關係作了深入的探討和反覆的闡述，客觀上推動了美學領域中的「象」向著「意象」這一範疇的轉化。這意味著人們對藝術本體的認識已大大前進一步，其意義不可小看。

二、王弼在闡述「意」與「象」，「象」與「言」這兩組關係時，一方面說「象」是產生「意」的，「言」是說明「象」的（即「夫象者，出意也。言者，明象也」），並且還強調「意」要靠「象」來充分表達，「象」要靠「言」來加以顯現（即「意以象盡，象以言著」）。這顯然是對「象」與「言」的充分肯定。可是另一方面他又說，正因

如此，「得意」就應「忘象」，「得象」便可「忘言」。這分明又是對「象」與「言」的一種否定。這看起來似乎是自相矛盾的。其實這裏的「象」（「言」也一樣）就像老子的「道」一樣，具有「有」和「無」的二重性，也就是說它既是具體的物象，又非具體的物象。若從審美感受的角度而言，「得意而忘象」、「得象而忘言」，可以說達到了美的欣賞的最高境界，是人們在欣賞傑出的藝術作品或美的自然景觀時，都能體驗到的一種最佳狀態：不再糾纏於具體的物象，而是沉浸於藝術帶來的自由境界。陶淵明的詩句：「採菊東籬下，悠然見南山；山氣日夕佳，飛鳥相與還。此中有真意，欲辯已忘言」[7]，以及袁枚《隨園詩話》中說的「忘足，履之適；忘韻，詩之適」，皎然在《詩賦》中說的「但見情性，不睹文字，蓋詩道之極也」等，不都是如此嗎？

　　一切藝術作品所表現的都是具體的物象，然而人們在藝術創造和欣賞時，都不可拘泥、停止於具體的物象，而應超越它，通過有限的具體物象去顯示或獲得其普遍性的、無限性的義理，即所謂的「真象」，象外之象。這才是王弼「得意而忘象」的要義所在。關於這一點，王粲所說的「蓋理之微者非物象之所舉（全）也。今稱立象以盡意，……斯則象外之意」[8]也是此意，完全可以作為王弼所謂的「真象」、「意」的一種注腳或者旁證。

　　總而言之，「得意忘象」之說，上承老莊，下啟歷代，對後世的

7　此處所引陶淵明的詩句出自其《飲酒二十首》之四。

8　這段話引自《三國志・魏書・荀彧傳》注引何劭的《王粲傳》。原話是：粲答曰：「蓋理之微者，非物象之所舉也。今稱立象以盡意，此非通於意外者也；繫辭焉以盡意，此非言乎係表者也；斯則象外之意，係表之言，固蘊而不出矣。」

藝術實踐和審美理論都有很大的啟示。可以說從其時稍後謝赫的「取之象外」[9]說，到唐五代書畫美學中荊浩的「度物象而取其真」[10]，以及王昌齡等人的「境一象外之象」說[11]，甚至一直到明代王廷相等人的「意象論」[12]等都無不受到「得意忘象」說直接或間接的影響。聯繫到王弼一生只活了二十四年，在如此短暫的人生之中，便寫下了《老子注》、《周易略例》、《周易注》等鴻篇大作，我們不能不對天才的生命發出讚歎。

9　取之象外：是說梁代的謝赫在《古畫品錄》中評張墨、荀勖的畫時說的：「若拘以體物，則未見精粹；若取之象外，方厭膏腴，可謂微妙也。」意思也是說繪畫不可拘於孤立的具體物象，要突破有限的形象才能「氣韻生動」，才能體現「道」的妙境。

10　度物象而取其真：是五代後樑山水畫家荊浩在其《筆法記》中提出的命題：「畫者畫也，度物象而取其真。」意思是說繪畫是一種創造，「真」，不僅在於真實地描繪個別的物象，而在於通過它表現造化自然的本體和生命——「氣」。

11　意境論：主要是指王昌齡在《詩格》中說的「搜求於象，心入於境；神會於物，因心而得」。「境」，分為「物境」、「情境」、「意境」三種，並說「張之於意而思之於心，則得其真矣」。劉禹錫則對「境」作了一個明確的規定：「境生於象外。」皎然在《詩式》中也說：「採奇於象外，狀飛動之趣，寫真奧之思。」

12　意象說：主要指明代王廷相、陸時雍談「意象」的有關言論。如王廷相在《與郭價夫學士論詩書》中說的：「言微實則寡餘味也，情直致而難動物也，故示以意象，使人思而咀之，感而契之，邈哉深矣，此詩之大致也。」陸時雍在《詩境總論》中把詩的意象概括為：(一)「情」和「景」的統一，且應在「意似之間」。(二)創造詩歌意象應隨物感興，即景自成，去尋求人所不到之「意」。這也都間接受到王弼「得意忘象」的影響。

籠天地於形內，挫萬物於筆端
——魏晉時期傑出的最富形象思維的創作論

　　「籠天地於形內，挫萬物於筆端」，是陸機[1]在《文賦》[2]中論述文學作品謀篇開始之後，講意和辭之間的主從關係時，提出來的一個觀點。意思是說廣闊的天地可以概括在形象之內，萬象紛紜的事物可以描繪在筆頭下邊。雖然，這裏不是講創作的內容，文章的義理，然而這兩句話卻揭示了藝術創作的一條特殊規律，即藝術創作離不開具體的形象，而文藝家從觀察生活吸取素材，到作品完成的整個創作過程，其主要的思維活動和思維方式，就是形象思維。

　　《文賦》是中國文學批評史上第一篇全面、系統的文論名篇，也是陸機美學思想最具獨創性的代表作。《文賦》的傑出貢獻，還在於其中的創作論是前人未曾涉足的課題，而陸機卻形象生動地闡述了他

1　陸機（261—303）：西晉文學家，字士衡，吳郡華亭（今上海松江）人。祖遜、父杭，皆三國名將。少時任吳牙門將。吳亡入晉，官至平原內史，世稱陸平原。其詩重藻繪排偶，且多擬古之作。文以《辯亡論》、《弔魏武帝文》較有名。原有集，已散佚，後人輯有《陸士衡集》，一名《陸平原集》。

2　《文賦》：是中國文學批評史上第一篇完整而系統的文學創作專論，也是陸機美學思想方面的代表作。《文賦》內容很廣泛，涉及創作的產生，作品的構思，藝術的想像，靈感問題，獨創性問題，甚至具體到結構、佈局、剪裁、修辭等。此外還論述了文體、風格，文章技巧，文章的弊病等，目的是要探討「意」如何能夠「稱物」，「文」如何能夠「逮意」。由於文章對一系列的文學理論有細緻的探索和系統的論述，所以它的問世標誌著中國古代文論發展到了一個新階段。《文賦》對後世的影響很大，除過詩文創作，更有對其它各門藝術的創作和研究的深刻影響。

以構思為主的創作的全過程。

例如，關於創作的準備階段，他說作家要有個虛靜的精神狀態，要觀覽客觀世界的萬物，鑽研古籍，豐富積纍知識。同時還要有高潔的心胸，才能從四時的變遷、萬物的盛衰中引起文思，產生創作的要求或衝動。但他不是以邏輯思維的方式來說明或闡述，而是用生動形象的描述來展開：「佇中區以玄覽[3]，頤情志於典墳[4]。遵四時以歎逝，瞻萬物而思紛[5]。悲落葉于勁秋，喜柔條於芳春[6]……游文章之林府，嘉麗藻之彬彬[7]。」

有了創作的要求之後，就進入到重要的構思階段。他對作者應當集中思想，深思熟慮，旁徵博引，充分發揮藝術的想像是這樣說的：「精騖八極，心遊萬仞[8]……浮天淵以安流，濯下泉而潛浸[9]……觀古今於須臾，撫四海於一瞬[10]。」這不又是用形象來說明想像的特徵嗎？

待到「情瞳曨而彌鮮，物昭晰而互進」，即情感更加鮮明，物象更加清晰，紛至沓來之時，便進入到了寫作過程，也就是進入到文章

3　佇中樞以玄覽：佇，久立。中樞猶區中，謂宇宙之中。玄覽：源於老子的「滌除玄覽」之說，本意指對道的內心觀照，此處可言深刻地觀察。句意是說從深刻觀察萬物，進而引起文思。

4　頤情志於典墳：頤：養，猶言陶冶。典墳：相傳三皇之書稱作三墳，五帝之書稱作五典。此句意思是說要鑽研古籍，加強文學修養。

5　遵四時以歎逝二句：遵：循也。思紛：思慮紛繁。二句意謂有感於四時的變遷，萬物的盛衰，因而引起文思。

6　悲落葉于勁秋二句：意思是說從秋天的落葉引起悲思，從春天的細條引起喜悅。這是由上文生發而來，說明文以情生，情隨物感的道理。

7　游文章之林府二句：林府：言多如樹林，富如府庫。彬彬：謂文與質的結合。二句意思是說從前人的許多文章和辭藻中受到很大的啟發。

8　精騖八極，心遊萬仞：精：神。騖：馳騁。八極：喻最遠的處所。萬仞：喻極高的地方。此二句謂心神遠思，可以達最遠極高之處，想像馳騁，不受時空的限制。

9　浮天淵以安流二句：浮：飄浮。濯：洗、遊。潛：水下面活動。二句狀想像上可高升到天淵，下可潛浸到下泉。

10　觀古今於須臾二句：須臾、一瞬：皆片刻，言短暫在轉眼之間。二句意謂文章在構思之時，轉眼之間便可博採古今四海，包括萬有。

的結構、佈局、剪裁、修辭的表現階段。這時，作者要求作家「抱景者咸叩，懷響者畢彈」[11]，把一切有影有聲的形象素材都拿來進行選擇和概括：「或因枝以振葉，或沿波而討源；或本隱以之顯，或求易而得難。」意思是說或由本及末先樹要領，或由末及本點出主題；或從晦到明逐步闡說，或是求易得難，層層深入。概而言之，寫文章一定要把握主題，施行以內容為主，以文采辭華為輔的原則。「理扶質而立幹[12]」，才能「文垂條而結繁[13]」。即使有時須突破文章的規矩（「雖離方而遁圓」，）但畢竟還是期望完美真實地表達和反映所寫的事物（「期窮形而盡相」）。

故而對於作者來說，還需要將藝術素材拿來進行由此及彼、由表及裏的加工改造，最後才能創造出生動的美的形象。「函綿邈於尺素，吐滂沛乎寸心[14]」，「籠天地於形內，挫萬物於筆端」，從而寫出「意能稱物，文能逮意」[15]的優秀作品。

陸機用詩一般的語言，生動而具體地描述了藝術創作的全過程。從「觀覽萬物」到感物生情，從「精騖八極」到挫於筆端，自始至終都是以具體的形象，而不是以抽象的概念來進行的。儘管其時還未出現形象思維這一美學術語，但陸機卻能以其豐富的想像和聯想，展示何為形象思維和形象思維在創作中處於何等的地位：藝術創作的過

---

11 抱景者咸叩二句：《文選》五臣呂延濟注：「謂物有抱光景者，必以思叩觸之而求文理；物有懷音響者，必以思彈擊之以發文意。」此二句謂天地間一切有聲有色的事物均可取資，使文中之義（理意）不致遺漏。

12 理扶質而立幹：理：指構思之意。扶質立幹：即立意為主。這裏是指選義而言。

13 文垂條而結繁：文：指運用的文辭。垂條結繁：是說以文傳意。這裏是指考辭而言的。

14 函綿邈於尺素二句：綿邈：言遠也。滂沛：言大也。五臣劉良注：「雖遠者含文於尺素之上，雖大者吐辭於寸心之間。」說明都出於作者的巧思。

15 意能稱物，文能逮意：這是陸機的《文賦》所要探討的主要問題.前者，指作者思想活動中的認識、構思等能夠符合外界事物的真實。後者，是說作者能運用優美恰當的語言，表達出所認識、所構思的具體內容。

程，實質上就是形象思維的過程。這也許正是《文賦》成為中國古代傑出文論的意義所在。

　　總之，陸機以構思為主的創作論的出現，不但對六朝文學藝術的發展有很大的影響，而且對後來尤其是劉勰《文心雕龍》的創作，都有著直接的全面的啟迪意義。「籠天地於形內，挫萬物於筆端」之說及其相關的言論，的確堪稱是中國魏晉時期最富形象思維的傑出的創作論。

精騖八極，心遊萬仞
——魏晉美學中第一個最獨特的藝術想像論

　　「想像」一詞，在陸機之前很早就已出現。屈原《楚辭·遠遊》中說：「思舊故而想像兮，長太息以掩涕。」曹植《洛神賦》中說：「背下高陵，足往神留。遺情想像，顧望懷愁。」至於「想像」的藝術特徵，《莊子·讓王》篇中說：「身在江海之上，心存乎魏闕之下」，《荀子·解蔽》中說：「坐於室而觀四海，處於今而論久遠」，甚至到了魏晉甘露年間，郭遐叔在《贈嵇康詩》中也還有「馳神遠想，神往形留」之說。這些都涉及藝術想像，也談到了想像的超時空特點。陸機獨特的貢獻在於，他提出的「精騖八極，心遊萬仞」[1]及其一系列的言論，不僅談到了想像的藝術特徵，而且更重要的是第一次對藝術想像作出了其時最獨特、最深刻的具體論述。

　　一、陸機的「精騖八極，心遊萬仞」之說，是他關於藝術想像而提出的一個代表性命題。它不是單言創作之始，心神運思可以達到極遠、極高之地；而是說這種想像能夠超越一切時空的限制，可以而且也必須貫穿在創作活動的一切階段。在《文賦》中，作者不僅說文章

1　本篇相關《文賦》引文未再加注，請參看本書第五十篇。

開始時要「精騖八極，心遊萬仞」（即精神飛翔在八極之上，心靈遊蕩在萬仞之間），文思到來之時，還須要「浮天淵以安流，濯下泉而潛浸」，「觀古今於須臾，撫四海於一瞬」，如此展開想像，到了謀篇佈局，作家才能「籠天地於形內，挫萬物於筆端」，或者「函綿邈於尺素，吐滂沛於寸心」。退一步來看，即使到了結尾階段，在陸機看來，那「想像」也還要「恢萬里而無閡，通億載而為津」[2]，最後方可以「塗無遠而不彌，理無微而不綸」（即把遙遠的空間、微妙的理論統統都包羅其中）。由此可見，陸機的上述說法，的確是超時空的，是函蓋整個創作全過程的一種藝術想像之論。

二、他明確指出，藝術創作的想像是有條件的。「精騖八極，心遊萬仞」，是在「遵四時以歎逝，瞻萬物而思紛」，「永世德之駿烈，誦先人之清芬」[3]，以及「游文章之林府，嘉麗藻之彬彬」之後，即這種想像是在有感於四時的變遷，和萬物的盛衰而引起文思（即文以情生，情以物感之時），並且是在有感於先人的功德，與受到前人文辭啟發的基礎上進行的。因而它決非毫無目的的胡思亂想，而是在心不外用的情況下，深思熟慮，旁求博採的一種手段（即所謂的「收視反聽，耽思傍訊」）。可以說在陸機這裏，「想像」是受藝術家的個人素質、經驗和創作目的等因素制約的，它是藝術創作活動的一種特有的必要條件。

三、陸機論藝術想像最大的特點還在於，他把想像和情感交織起

---

2 恢萬里而無閡二句：閡：限制。津：渡。恢萬里：指空間，言所傳者很廣大。通億載：指時間，言所行者很久遠。

3 永世德之駿烈二句：陸機的祖父陸遜、父親陸抗均為吳國的名臣。其集中有《祖德賦》、《述先賦》。駿：大。烈：功業。清芬：指先人之德。二句均謂有感於先人的功德業績之意。

來，並明確指出想像的過程，要伴隨著語言的選擇和運用。這實在是非常精闢的、難能可貴的見解。因為所謂的「精騖八極，心遊萬仞」，儘管是廣闊的、豐富的超時空的想像，但它終究要通過語言文字這一手段把它呈現出來。所以當文思到來之時，「情曈曨而彌鮮，物昭晰而互進」，就要「傾群言之瀝液，漱六藝之芳潤[4]。到天上、地下去尋找精美合適的詞語，以之來表現漸趨明朗的情思，和逐漸清晰的物象。雖然有時選辭很難，就像遊魚含鉤在深水中老是拉不出水面；有時浮藻聯翩，又像是飛鳥中箭突然從高空掉了下來（沈辭怫悅，若遊魚銜鉤而出重淵之深，浮藻聯翩，若翰鳥纓繳而墜曾雲之峻）。可是「思涉樂其必笑，方言哀而已歎」[5]，情感和想像總是那樣地交互密織，語言和想像又是那樣相依互連。陸機在描述想像活動之時，也描述了情感的交織和語言的選擇，這實在是他對藝術想像所作出的又一貢獻。

概言之，陸機的「精騖八極，心遊萬仞」之說及其相關的描述，是中國文學、美學發展到了魏晉時期最突出、最深刻的藝術想像論，對歷代的審美理論和文學創作都有很大的影響。如謝靈運在《登江中孤嶼》一詩中寫的「想像崑山姿，緬邈區中緣」，劉勰在《文心雕龍‧神思》中說的「寂然疑慮，思接千載；悄焉動容，視通萬里」，以及清代葉燮在《原詩》裏提到的「想像以為事」等，都是承接「精騖八極，心遊萬仞」說而來，但卻並沒有超出陸機的說法。

4　傾群言之瀝液二句：瀝液：涓滴，喻其精華。群言：除經史之外，包括諸子百家之言在內。漱：有含咀英華之意。六藝：指六經的內在和外在文辭之美，故雲芳潤。此二句是說「六藝」、「群言」皆可在行文之時任我驅遣和使用。

5　思涉樂其必笑二句：樂與哀是指義，笑與歎則是指辭。二句的意思即如《文心雕龍‧誇飾》中所謂「談歡則字與笑並，論戚則聲共淚偕」之意。

傳神寫照
——魏晉美學中第一個完整的極具系統性的人物畫論

魏晉南北朝是中國繪畫史上的一個重要時期。這個時期的繪畫達到了很高的水準，出現了張墨、戴逵、顧愷之等一大批前所未有的著名的專業畫家。而且隨著玄學的興起，佛教的傳入，人物畫的內容與形式都得到了極大的充實和豐富。同時，山水畫也逐漸發展起來。這一異彩紛呈的局面，客觀上要求人們從理論上給予充分的概括和總結，以適應並指導正在蓬勃發展的各個繪畫門類。於是顧愷之[1]「傳神寫照」的人物畫論，在繼承、發揮前人藝術實踐、經驗、認識的基礎上，在玄學清談「魏晉風度」的氛圍中便應運而生。

所謂的「傳神寫照」，作為一個重要命題，其中不僅突出了傳神在人物畫中的重要性，還涉及傳神的方法：「以形寫神」，傳神的原則：「遷想妙得」，以及高度關注人物的個性特徵，形體的關鍵部位

---

[1] 顧愷之（約344-405）：字長康，小名虎頭。晉陵無錫（今江蘇無錫）人。曾為桓溫及殷仲堪參軍，後官至散騎常侍。東晉大畫家，工人物、肖像，兼善山水、禽獸。同時，也是畫論家。傳世著作有《論畫》、《魏晉勝流畫贊》、《畫雲臺山記》。三篇文字都由張彥遠《歷代名畫記》記載而流傳下來。《論畫》是專談臨摹畫的要法，也涉及畫論。《魏晉勝流畫贊》是對這一時期名畫的評論。《畫雲臺山記》則是關於山水畫的設計構思的札記。此外《晉書·顧愷之傳》和《世說新語》也記載了他的一些論畫語錄。

和環境的襯托因素等，因而它又是其時最具系統性的完整的人物畫論。

例如《世說新語‧巧藝》中記載：「顧長康畫人，或數年不點目睛。人問其故。顧曰：『四體妍蚩[2]本無關妙處[3]，傳神寫照正在阿堵[4]之中。』」

這段話明確指出傳神在人物畫中的重要性，還有眼睛在傳神中的關鍵意義。因為在顧愷之看來，四體畫得美醜好壞並不重要（「無關妙處」），只有眼睛才最能傳神。所以有的畫，他放了幾年都不點眼睛，道理就在於此。雖然，把眼睛看做是「心靈之窗」，《孟子‧離婁》篇中早就出現：「存乎人者，莫良於眸子」，但顧愷之的可貴之處在於第一個將這一見解應用於繪畫理論：提出了「傳神寫照，正在阿堵之中」的見解。特別值得指出的是，其「傳神寫照」中的「神」，不是說一般的精神，而是指一個人的神氣、風神。孟子所謂的「聖而不可知之之謂神」中的「神」，是指一個人的人格道德達到的最高境界；顧愷之說的「神」，主要是指一個人的個性和生活情調，而且是符合魏晉玄學魏晉風度的那種生活情調和神采。何以見得呢？

一、顧愷之的「傳神寫照」中略形重神的傾向，明顯地同當時人物品藻[5]的風氣有關。關於這一點，《世說新語》多有所記載。王右

2　妍蚩：妍：美麗、美好。蚩：醜惡、面貌醜。妍蚩即美醜。
3　妙處：妙：美好。深遠，玄妙。這裏的「妙」與老子的「妙」——即體現宇宙本體生命的「道」有相似之處。故「妙處」可以理解為傳神之處。
4　阿堵：方言，即人的眼睛。
5　人物品藻：品：品評。藻：文采、修飾。指對人物風姿神采的一種品評。最初始於漢代對官吏的選拔、推薦。審美的人物品藻則出自魏晉，是魏晉時代盛行的一種風尚，強調對人物姿態、體貌、儀容、風采、神氣的欣賞。

軍夫人說：「發白齒落，屬乎形骸。至於眼耳關於神明，那可便與人隔[6]？」（《賢媛》）謝萬對王子猷說：「唇齒相須，不可以偏亡。鬢髮何關乎神明。」（《排調》）書中大量出現的如「神姿」、「神采」、「神色」、「風神」、「神韻」、「神貌」、「神懷」、「神味」等等，都是用於人物品藻的概念，都不是說人的道德學問，而是指人的個性特點和生活情調。顧愷之的說法顯然受到其時人物品藻風氣的影響，是毫無疑義的。

二、魏晉玄學盛行，老莊思想回歸，體現在形神關係的理論上，便是重神略形。所以湯用彤在其《魏晉玄學論稿 言意之辯》中說：「神形分殊本玄學之立足點。」「按玄者玄遠，宅心玄遠，則重神理而遺形骸。」體現在士人的人生觀上，就是得意忘形——亦即所謂的魏晉風度：任情放達，風神瀟灑，不拘形跡的人生態度。運用在繪畫上便產生了「傳神寫照」的美學思想。故而湯用彤評論說：「顧氏之畫理，蓋得意忘形學說之表現也。」由此可見，顧愷之「傳神寫照」的說法又是最具有時代特色的一種人物畫論。

既然傳神是那麼的重要，而且「傳神寫照」又最具魏晉時代特色，那麼，憑什麼來傳神呢？

首先，顧愷之的回答是：「以形寫神。」在他看來神是通過形表現出來的，沒有形，神就無從寄寓。用嵇康在《養生論》中的話來說，就是「形恃神以立，神恃形以存。」所以在《魏晉勝流畫贊》中他便明確講道：「凡生人亡有手揖眼視而前無所對者，以形寫神而空

---

6 那可便與人隔：隔：隔閡、隔閡。句意謂哪裏就不與人交往了呢？

其實對，荃生之用乖[7]，傳神之趣失矣。空其實對則大失，對而不正則小失，不可不察也。一象之明昧，不若悟對[8]之通神也。」他是說，凡是人作揖、注目，在他的前面必定有實在的對象。他的這些動作、神情，是他面前的人物（對象）引起的。如果不是這樣（「空其實對」）就違背了「以形寫神」的畫法，傳神的效果也達不到了。其實一幅畫像，傳不傳神，關鍵不在於「實對」而是要「悟對」——即要善於領悟對象典型的特徵，這才是一種最高的境界。當然，所謂的「以形寫神」，還須要精細入微一絲不苟。不然，「若長短、剛柔、深淺、廣狹，與點睛之節，上下、大下、濃薄，有一毫小失，則神氣與之俱變矣」（同上）。由此又可看出，重視傳神，又認為它離不開寫形的基礎的見解，確實是極其合理、符合藝術實際的。他的這一見解在其繪畫實踐中也可得到具體的印證。例如《洛神賦圖卷》裏，他畫的神女在水上輕盈悠忽的行徑與飄飄欲飛的衣帶；神女那脈脈含情，眷眷不捨，若即若離的眼神的準確描繪，都充分說明在顧愷之那裏，傳神與寫形並不矛盾，而是相輔相成的統一的整體。

其次，為了達到傳神的目的，他還提出了一條重要的原則，那就是「遷想妙得」。他說：「凡畫，人最難，次山水，次狗馬；臺榭一定器耳，難成而易好，不待遷想妙得也。」（《魏晉勝流畫贊》）這段話是以「遷想妙得」的難易，來劃分繪畫題材的難易，反映了繪畫藝術已進入分科的時代。但重要的是，他提出的「遷想妙得」的原則，恰好是對「以形寫神」的一種必要的補充。「遷想」是指建立在生活

7　乖：違背、不協調。非乖巧之乖。

8　悟對：悟：醒悟、理解。「悟對」是相對於「實對」而言的。王微《敘畫》說：「以一管之筆，擬太虛之體。」《老子》中有所謂「滌除玄鑒」之說。意思無非是說，畫畫不但要靠眼之所見，更要用心靈去體悟。換句話說，「悟對」是說在藝術想像的過程中，要善於領悟對象典型的個性特徵，這樣才能「通神」。

體驗基礎上的藝術想像。一個畫家如要捕捉、把握人物的風神、個性特徵，單靠觀察是不夠的，他必須在寫形、「實對」的基礎上充分發揮藝術想像，才能畫出傳神的作品。「妙得」呢，即得妙。意思是說在遷想的過程中，抓住了人物對象的風神、個性特徵，就突破了有限的形，獲得了「象外之象」，從而便可通向宇宙生命本體的「道」。這就叫「妙得」。

此外，顧愷之的「傳神寫照」，還十分重視表現人物生活情調的典型特徵和環境襯托的傳神作用。《世說新語》中有兩則記載就很能說明問題。其一是說「顧長康畫裴叔則」。因為他長得「俊朗有識具」，所以顧愷之在裴的額上加了三根毛來加以表現。看畫的人覺得「如有神明」，比不加三根毛還好。這就說明顧愷之並不認為只有眼睛才能傳神，只要抓住人物個性和生活情調的典型特徵，也可具有傳神的效果。其二是說他畫謝鯤，由於謝鯤是一個寄情山水的隱士，曾說「一丘一壑，自謂過之」[9]，所以顧愷之便把他畫在岩石裏面，以表現其山中隱士的情狀。這也充分表明顧愷之十分注重環境襯托對於描繪人物個性和生活情調的重要作用。

綜上所述，不難看出，顧愷之所謂的「傳神寫照」，確實是其時最早的，非常完整的，而且是最有時代特色的一種人物畫論。它的問世不僅對當時，而且對後世美學史、藝術史都產生了深遠的影響。顧愷之之後，歷代都有美學家、藝術家引述、闡釋和發揮過他的這一命

---

9 「一丘一壑，自謂過之」:《世說新語‧品藻》載:明帝問謝鯤:「君自謂何如庾亮?」答曰:「端委廟堂，使百僚準則，臣不如亮。一丘一壑，自謂過之。」(晉明帝問謝鯤:「那些品藻家們愛把你和庾亮相比，你自己怎樣看?」謝鯤回答說:「在朝廷上堂堂正正，儀態大方，成為百官的榜樣，我不如庾亮。但對於一丘一壑的山水真味的體認，我自認為比庾亮強。」)

題。其中蘇軾還寫了一篇《傳神記》來解釋、闡發顧愷之的「遷想妙得」之說，以及如何把握人物個性特徵等，有興趣的讀者可以找來一讀。

「澄懷味象」與「類之成巧」
——魏晉美學中第一篇最具道家理想色彩的山水畫論

　　大家知道，中國的山水畫曾經歷過一個漫長的發展過程。從杜預注《左傳》謂「禹之時」即有「圖畫山川之異」（當然這只是傳說，圖畫的很可能是地圖之類）起，中經漢代的畫像磚石，魏晉的作為人物畫背景的山水之繪，一直到東晉南朝之際，才有了獨立意義上的山水畫。據記載，東晉的戴逵、王微等就畫過不少的山水畫。遺憾的是，六朝畫家的畫作都未能流傳下來。隋朝展子虔的《遊春圖》算是今日人們能夠看到的最早的一幅山水畫。至於繪畫理論，此前曹植、陸機、王廙、顧愷之等，都提出過自己獨特的觀點和見解。而宗炳[1]的《畫山水序》卻是中國歷史上第一篇最具道家理想色彩的山水畫論。其開篇即說：

1　宗炳（375-443）：字少文，南陽涅陽（今河南鎮平）人。南朝著名畫家。性喜山水，兼善琴書，是個地道的隱士。寫過《明佛論》。其著《畫山水序》突出的全然是老莊美學理想，其「澄懷味象」（「澄懷觀道」）之說對後世的詩畫均有很大影響。

「聖人含道映物，賢者澄懷味象[2]。至於山水質有而趣靈，是以軒轅、堯、孔、廣成、大隗、許由、孤竹之流，必有崆峒、具茨、藐姑、箕首、大蒙之遊焉。又稱仁智之樂焉[3]。夫聖人以神法道，而賢者通；山水以形媚道[4]，而仁者樂。不亦幾乎？」

在宗炳這裏，無論是說「聖人」把握了「道」來面對客觀世界，處理實際事物；還是說「賢者」以虛靜空明的心境，從自然山水的形象中去品味無限的愉悅，其核心都是講一個「道」字。甚至談到「聖人」以他自己的思想去效法道、體現道；山水以它的形貌使道「媚」、使道美，以及軒轅等人之所以喜愛山水之遊的原因，也都如此，都在於「山水質有而趣靈」。那麼什麼是「趣靈」呢？「趣」是通向、奔赴，「靈」即「玄牝之靈」，而「玄牝」[5]在老子那裏是產生天地萬物之母，故「趣靈」就是「趣道」。「山水質有而趣靈」即是說自然山水的形質能夠通道、體道。可是這個「道」，並非孔孟之道，也不是荀韓之道，而是魏晉玄學所崇尚的老莊之道。可以說，宗炳所謂的「澄懷味象」（「澄懷觀道」[6]）正是《畫山水序》的靈魂和核心。

2　澄懷味象：「澄懷」：與老子的「滌除」，莊子的「心齋」意同，是說要有個虛靜空明的心胸。「味象」：也如老子的「玄鑒」一樣，是說對「道」的內心觀照。這裏「味」是一種精神的愉悅和享受，而「象」是「道」的一種特殊稱謂。所以「味象」是對「道」的一種審美觀照。聯繫「山水以形媚道」來看，「澄懷味象」的意思便是說，人們只要有了虛靜的空明的心境（「澄懷」），在觀賞自然山水形象之時，便可通向「道」，實現對「道」的審美觀照。

3　仁智之樂：指《論語‧雍也》篇中，孔子說的「知者樂水，仁者樂山」。

4　山水以形媚道：媚，《說文》：「媚，悅也。」一說美好。「媚道」，使道媚。因為在宗炳看來，山水既有其體的形象，又是「道」的載體。山水以有限的「形」顯現宇宙無限的生機，這便是它之所以美，之所以「媚」的緣故。

5　玄牝：見《老子》第六章。「谷神不死，是謂玄牝。」「玄」，原意是深黑色，老子常以玄喻道，「玄牝」是指孕育和生養天地萬物的母體。也是《老子》第二章說的「可以為天下母」的「道」。

6　澄懷觀道：見《宋書‧隱逸傳》有一段記載，說宗炳以疾還江陵，歎曰：「老病俱至，名山恐難遍睹，惟澄懷觀道，臥以遊之。」這裏講的「澄懷觀道」，其實就是「澄懷味象」。二者是同一心理過程，含義類似。故將其附於「澄懷味象」之後，以便讀者相互參閱。

可以看出，「澄懷味象」的命題其實是從老子的「滌除玄鑒」而來，但又加以發揮。「澄懷」和「滌除」，「味象」和「玄鑒」是兩兩相對應的、完全一致的概念，意思都是說主體首先要排除一切雜念，保有虛靜空明的心境，才能對客體的「象」，也就是老子的「道」進行內心觀照（或審美觀照）。「澄懷味象」的「味」，在此不完全是味覺的「味」，而是一種精神的愉悅和享受，相當於《畫山水序》中的「萬趣融其神思」和「暢神而已」。所以「味象」就是「觀道」，是通過山水的形質對於宇宙本體生命的「道」的一種審美觀照。

雖然，文中也提到了「仁智之樂」、「而仁者樂」，但它與孔子的「知者樂水，仁者樂山」之說是大不相同的。孔子把自然山水作為人的道德觀念的象徵，客體要依附於、符合於主體的道德觀念，才能成為審美對象。而這裏所謂「仁智之樂」、「而仁者樂」，都是在「山水質有而趣靈」或「山水以形媚道」的前提下，才出現的說法。「仁智之樂」、「聖賢之游」，原來統統都是由於自然山水是一種有形質的道的載體，是觀道、體道的一種媒介，他們才喜於遊覽；仁者智者，也才能從中得到快樂。因此我們說宗炳的「澄懷味象」及其相關說法，是對孔子「知者樂水，仁者樂山」命題的一種否定，而不是融合或認同。

但山水畫起到的是什麼作用呢？他說：「夫以應目會心為理者，類之成巧，則目亦同應，心亦俱會。應會感神，神超理得。雖復虛求幽岩，何以加焉？」自然山水能夠給人以無限的美感，山水畫同樣也能「怡身」、「暢神」，給人以審美的愉悅。原因就在於山水畫「類之成巧」。——因為山水畫畫得巧妙、逼真、又能體現自然山水的美，

那麼觀畫者與作畫者在畫面上看到的和心裏想到的也會相同。而眼所見到的和心所悟到的，又都通感於山水所顯現的「神」，故精神超脫於塵世之外，「理」也隨之而得了。即使再去遊覽自然山水，又有什麼能比觀看畫中的山水還強的呢！這就是宗炳認為山水畫也能給人審美愉悅的道理。

在談到山水畫的藝術功能時，他又說：一個人在家中閒居理氣，飲著酒，彈著琴，展開畫卷，幽靜相對。觀看著畫中山水無窮的景致，想像「聖賢」思想照耀那荒遠的年代，但是「萬趣」都融進了自己的感受和神思之中，我還要幹什麼呢？「暢神而已」，精神愉快，還有什麼比山水畫更好的呢？[7]宗炳在此更加強調的卻是山水畫最大的功用——「暢神」，是要使人心怡神暢。雖然這一認識，與曹植講的寓褒貶、存鑒戒的繪畫功能說大相徑庭，但它卻既適應了山水畫發展的客觀需要，也概括了山水畫基本的審美特徵。毋庸諱言，宗炳也忽略了山水畫應有的「怡悅情性」的教育作用，到了唐代，張彥遠才在《歷代名畫記》中講到這一點。

此外，宗炳在《畫山水序》中還提到兩個問題。一是「身所盤桓，目所綢繆」，是強調畫家要真正畫好山水畫，須親身往來於山水之中，而且要反覆地加以觀覽，才能以山水本來的形、色畫作畫面上的形、色（即「以形寫形，以色貌色」）。這涉及繪畫中的寫生問題，很是難得。二是他說：「且夫崑崙山之大，瞳子之小，迫目以寸，則

---

7 此段是對《畫山水序》末段簡略的意譯，原文如下：「於是閒居理氣，拂觴鳴琴，披圖幽對，坐究四荒，不違天勵之叢，獨應無人之野。峰岫嶢嶷，雲林森眇，聖賢映於絕代，萬趣融其神思，余復何為哉？暢神而已。神之所暢，孰有先焉！」

其形莫睹，迥以數里[8]，則可圍於寸眸。誠由去之稍闊，則其見彌小。今張素絹以遠映，則昆、閬[9]之形，可圍於方寸之內。豎劃三寸，當千仞之高；橫墨數尺，體百里之迥。」這段話實在說明的是透視學的原理，即近大遠小的規律。一千五百年前的古人就有如此發現，的確難能可貴。

不過上述兩點，都是為了使山水畫能夠「類之成巧」而提出來的審美體驗和技法原理。雖然它們對後來的繪畫理論和實踐，都有著積極的啟示和借鑒意義，然而對後世的繪畫影響最大的，卻還是「澄懷味象」（「澄懷觀道」）這一最具道家理念的山水畫論。這是毫無疑義的。

8　迥以數里：迥：遠。句意謂若離開幾裏遠。
9　昆、閬：昆，崑崙山。閬：閬鳳，山峰。

圖繪六法
——魏晉書畫美學中文字記載最早最系統的畫論

　　謝赫是南朝齊、梁時人,生卒年代不詳。他是六朝最有影響的宮廷畫家,同時又是著名的繪畫理論家。他的《古畫品錄》[1](又名《畫品》)是中國最早的繪畫理論和批評專著。「圖繪六法」就是他在《古畫品錄》序中提出來的,是見之於文字記載的中國古代最早最系統的畫論。他說:

　　「六法者何?一氣韻生動是也,二骨法用筆是也,三應物象形是也,四隨類賦彩是也,五經營位置是也,六傳移模寫是也。」

　　什麼叫六法呢,我們在這裏試做解釋和評介。

　　一、「氣韻生動」是為首的一法,是其它五法的核心,總的目的和最高要求。「氣韻生動」是說,畫家在繪畫之時(謝赫時代的繪畫主要是肖像畫和人物故事畫)要通過形象的描繪,把人物內在的神韻

1　《古畫品錄》:謝赫著,是中國美術史上重要的繪畫理論著作。其中共簡要品評了自三國至南朝梁時主要畫家二十九位的繪畫風格和藝術特徵。「六法」即其評論的依據,分隸六品,評論其優劣、長短。「六法」是對中國古代繪畫實踐的系統總結,常為後人所稱道,宋代郭若虛甚至有「六法精論,萬古不移」之說。

風姿或個性情調栩栩如生地表現出來，才能把人物形象畫「活」，才能通過有限的形象，體現出無限的宇宙本體和生命（包括藝術作品的生命力）。

「氣」最早是由老子提出來的哲學概念，「氣」就是「道」，魏晉士人中的「氣」也指的是天地萬物生成的總根源，是宇宙萬物的本體和生命。同時，哲學範疇的「氣」（也就是「道」）也轉化成美學範疇的「氣」，以「氣」論文，以「氣」論詩，或以「氣」論畫興盛一時。如曹丕首倡「文以氣為主」[2]，王微《敘畫》中講「以一管之筆，擬太虛之體」[3]，鍾嶸講「氣之動物，物之感人，故搖盪性情，形諸舞詠」[4]。意思都是說「氣」是藝術的本源，是藝術家、藝術作品的生命力和創造力。此外，加上其時人物品藻之風日甚，人們大量使用風韻、風神、高韻、韻度等詞語來品評人物，而所謂的「韻」，常常又是指一個人的風神風姿或個性情調。生活在這個特殊時代氛圍之中的謝赫，當他論畫之時將「氣」、「韻」引用過來，作為其繪畫六法之一，也就很容易理解了。

從謝赫在其《畫品》中對幾位畫家的評論，也可看到他對「氣韻」的推崇。比如他評顧愷之「神韻氣力，不逮前賢」，評晉明帝「雖略於形色，頗得神氣」，以及評張墨、荀勗「若取之象外，方厭膏腴，可謂微妙矣」等，都充分說明他所謂的「氣韻」，其實也包含有「神韻」、「神氣」或「取之象外」的意思。

2　見曹丕《典論·論文》：「文以氣為主，氣之清濁有體，不可力強而致。」
3　擬太虛之體：擬：模仿。太虛：即「道」也就是「氣」。句謂模寫宇宙的本體和生命──「氣」。
4　見鍾嶸《詩品序》。這段話是說宇宙的元氣推動著萬物的變化，感發人的思想和情感，從而產生了舞蹈和詩歌的吟詠。這裏，「氣」是藝術的本源，藝術作品不但要描繪具體的物象，更要表現這個本源。

二、骨法用筆，是指繪畫時用筆要講功力和章法。如他對毛惠遠的評語：「縱橫逸筆，力遒雅韻」；對江僧寶的評語：「用筆骨梗，甚有師法」。「骨法」原為相人術語，指人的骨相、骨體。到了六朝，「骨」字被引入到其時的人物品藻中，《世說新語》中，人們常常用「正骨」、「骨氣」等來品評人物。與「骨」相關的詞語此時在畫界也大量出現。如顧愷之《魏晉勝流畫贊》的一篇短文中有八處提到「骨」字。衛夫人在其《筆陣圖》中也說：「善筆者多骨，不善筆者多肉。多骨微肉者筋書，多肉微骨者墨豬。」中國畫的特點，不像西方油畫那樣著重光影和塊面，主要是通過線條來塑造形象。故而用筆的力度（骨氣）和章法（包括剛柔、頓挫、深淺等），就不能不有很多的考量。據說顧愷之用筆，其線條的描法就屬鐵線描，剛柔相濟，很有骨力。而後人說的「蘭葉描」，要講究丁頭、鼠尾、螳螂肚，也是筆法之意。謝赫的「骨法用筆」既包含了用筆的功力，又包含了用筆的章法，應該是沒有疑義的。

三、應物象形，這是對畫家的基本要求。是說無論畫人物還是山水，都必須根據客觀對象的面貌來表現它。雖然在繪畫的過程中畫家可以有剪裁、想像、誇張，但不能隨心臆造，所「象」之形應當在有了真實的感應而後才「象」。這樣畫家才能通過形象的描繪表現出畫面上生動的氣韻。

四、隨類賦彩，是指線條勾勒完成後如何著色的問題。與「應物象形」一樣，著色一定要「隨類」才好。由於天下萬物有很多種類，各類的人、物都有其不同的色彩，所以要按照不同的對象來表現它的色彩。當然，忠實於客觀事物的賦彩，並不等於一成不變的如實繪

色。特別是東晉至南朝時期，佛像繪畫已經傳入中國，其時在顧愷之《畫雲臺山記》的色彩設計中，在陸探微畫一乘寺的有凹凸感的花卉裏，也既有體現了傳統的畫法，又有外來賦色的融入。因此，這裏「隨類賦色」也暗含了這樣一層意思，即著色深淺搭配變化定要根據主題需要來進行，不可抱著傳統一成不變。

五、經營位置，是指構圖設計。即是說對於即將納入畫面上的形象，畫家考慮怎樣安排其主次、遠近、大小，背景用什麼景物襯托，透視用散點還是焦點，是充滿畫面還是大量留空以白當色等等，這一切作者都要周密思考，花費腦筋，苦心經營，不可想到哪裏畫到哪裏。要意在筆先，用自己的理性思考來判斷，來巧妙裁定。構圖的好壞決定一幅畫的成敗，也反映一個畫家水準的高低，故決不可掉以輕心。

六、傳移模寫，說的是臨摹古畫。這是許多畫家都經歷過的一個起步階段，甚至有的人在成名後還臨摹前人。雖然張彥遠說這「乃畫家末事」，處於「六法」最末的地位，但通過臨摹，實際上學到的不僅僅是前人的經驗、技法，還可以為創新打下堅實的基礎。繪畫大師張大千自謂曾經「血戰宋元」，就是對宋元的經典作品作過反覆地臨摹。由此可見傳移模寫，的確不可小看。

從上述簡略解讀我們不難發現，謝赫提出的「圖繪六法」，既有總的最高的要求，又有必要的造型手段和表現技法，可以說繪畫關於圖、形、色、線等的基本要素、基本技能都包括其中，在中國六朝美學中，實在堪稱是最系統的繪畫之論。這一畫論，既涉及繪畫創作，

又關係到品評的準則，從問世迄今影響不斷。先是南陳的姚最寫《續畫品錄》加以闡釋和發揮，後又直接引發唐代的「神骨肉」之論[5]；時至今日，很多美術同行、學者還以其「六法」，尤其是以「氣韻生動」來作為鑒賞、評價一幅畫作優劣、高低的標準。

至於本文提到的「文字記載最早」之說，這是因謝赫在《古畫品錄》序中已自伸言：「雖畫有六法，罕能盡賅。而自古及今，各善一節。」可見「六法」並非謝赫首創，只是在他之前的「六法」不曾流傳下來，所以我們才加了「文字記載」以示界定「最早」二字之時限。

5　神骨肉之論：指唐代張懷瓘對顧愷之、陸探微、張僧繇三大畫家的評論中所體現出的觀點和理論。如張懷瓘在其《畫斷》中說的：「象人之美，張得其肉，陸得其骨，顧得其神。神妙無方，以顧為最。」意思是說三個畫家各有所長，在於他們的繪畫各得人物神、骨、肉之妙。此後人們便把神骨肉之說當成了論畫的一種尺度。

「意在筆前」與「字字意殊」
——魏晉書畫美學中突出的、最具代表性的意筆論

　　我們知道，在中國書畫的歷史上，魏晉時期是一個具有里程碑意義的階段。自漢隸代替了篆書之後，文字便已逐步從象形走向表意，從書寫走向書法，從實用走向審美的廣闊道路，但漢隸仍有很大的實用性，還不夠成熟。只是到了魏晉，特別是到了王羲之[1]時，中國的書法及其美學才發生了重大的轉折——超越了作為政治倫理社會功用的「工具」的範疇，而成為人們「任情恣性」的以審美、「表意」為主的獨立的藝術樣態。

　　最先提出「意在筆前」論的，是王羲之的老師衛夫人。她在《筆陣圖》[2]中說：「若執筆近而不能緊，心手不齊，意後筆前者敗；若執筆遠而急，意前筆後者勝。」但她談得十分簡單。而王羲之則在《題衛夫人〈筆陣圖〉後》和《書論》中對「意在筆前」作了形象的

1　王羲之（321-379，一作303-361）：字逸少。原籍琅邪臨沂（今屬山東）人。居會稽山陰（今浙江紹興）。東晉書法家。官至右將軍、會稽內史，人稱王右軍。由於其書法藝術的卓越成就，其書跡為歷代所寶，唐以後有「書聖」之稱。
2　《筆陣圖》：傳為衛夫人所撰，但一直存疑。衛夫人（272-349），姓衛，名鑠，字茂漪，東晉書法家，王羲之少時曾隨其學書。

闡發和豐富的補充，並把「意」提到了「將軍」即主宰和統帥的地位，其美學思想和書論的意義更加突出深刻，更具有代表性。如《題衛夫人〈筆陣圖〉後》說：

「夫紙者，陣也；筆者，刀[3]也；墨者，鍪（[4]甲也；水硯者，城池也；心意者，將軍也；本領者，副將也；結構者，謀略也；揚筆者，吉凶也；出入者，號令也；屈折者，殺戮也。夫欲書者，先乾研墨，凝神靜思，預想字形大小，偃仰平直，振動令筋脈相連，意在筆前，然後作字。若平直相似，狀如運算元，上下方整，前後齊平，此不是書，但得其點畫耳。」

這裏，除了對書寫的工具、手法作了如戰陣中的各種形象的比喻之外，還談到了《筆陣圖》中從未涉及的問題。如書寫前的「凝神靜思」、「預想字形」等在書法創作中的重要作用。可見王羲之的「意在筆前」，比衛夫人的說法更充實、更豐富，且更有獨特的新意。

王羲之在《書論》中也講過：「凡書貴乎沉靜，令意在筆前，字居心後，未作之始，結思成矣。」也是說書法創作之前，作者要「沉靜」，要「凝神靜思」。這如同陸機在《文賦》所講的「收視反聽[5]，耽思傍訊[6]」，強調的都是在集中精神、深思熟慮之後才進入具體的創作階段。

至於「預想字形」等，那是與想像、聯想相聯繫的一種要求，一

---

3 ：通槊，古兵器。《釋名釋兵》：「矛長八尺曰。」
4 鍪：頭盔，像頭盔的帽子。
5 收視反聽：不視不聽，或視而不見，聽而不聞。有心不外用之意。
6 耽思：深思，熟慮。傍訊：傍求博採。

種構思的思維活動，同樣屬於下筆之前的「意」的範疇。但更為重要的卻是，在王羲之這裏，「意在筆前」的「意」既是指書家的心意，又是指創作中的書意。

所謂的「心意」，通常是指人的思想志意和個性情調等精神活動。王羲之認為「心意者，將軍也」，「筆者，刀也」；將軍是什麼？是主宰，是統帥；筆呢？是刀，是武器。可見「意」與「筆」是統帥和被統帥的關係。當然書家的思想志意自然也就決定著整個書寫「戰陣」的變化和成敗。

所謂的「書意」，是指創作過程中的點橫豎撇等應有的一種態勢或意象。用王羲之的話來說那就是「須得書意，轉深點畫之間皆有意」，即將每個字的一筆一畫的動態要求都要體現出來，那才叫書意。這恰如衛夫人在《筆陣斬斫圖》中所講的那樣：

「一」（橫）如千里陣雲，隱隱然其實有形；「、」（點）如高峰墜石，磕磕然實如崩也；「丿」（撇）陸斷象犀；「乚」（折）百鈞弩發；「｜」（豎）萬歲枯藤；「　」（捺）崩浪雷奔；「　」（橫折鉤）勁弩筋節。

可見所謂的「書意」，不但在書寫之先要「令意在筆前」，而且在書寫的過程中，也要令「字居心後」，讓一筆一畫都象徵著一定的事物態勢。這才是作為象形文字衍化而來的書法藝術所具有的本質特徵和基本規律。同時也是王羲之多年師從衛夫人學習，自己又在反覆實踐的基礎上才得出的審美體驗。反之，如果一個書家在作書之前沒有立「意」，或「意」在筆後的話，那麼，其結果只能是「平直相似，

狀如運算元[7]，上下方整，前後齊平，此不是書，但得其點畫耳」。

所以歸根到底，要寫出真正意義上的書法藝術作品，必須「令意在筆前，字居心後」才有可能實現。這是一條不以人的意志為轉移的客觀規律。這個觀點問世後，不但直接對書法藝術的發展以巨大的影響，後來還被繪畫藝術所吸收，成為人所共知的「意在筆先，下筆成形」之說，足見其影響力之強大。

另外，王羲之在談到「書意」時，除了講「轉深點畫之間皆有意」之外，在《王右軍書說》中他再次強調指出：「一字須數體俱入，一紙須字字意殊。」

在他看來，一篇書法作品中相同的字要用幾種不同的字體來表現，而且每個字要有每個字不同的「書意」，不能雷同。他的這一說法明顯地觸及形式美中多樣統一的重要規律，即寓多樣於統一，或在統一中求變化。正因為它於統一中包含了多樣，又於多樣中包含了統一，故而一字數體、「字字意殊」，既可避免因形式上的整一而出現的單調，又可克服形式上的變化而出現的雜亂。這的確是非常和諧的美的形式。正如黑格爾所講的：「和諧一方面見出本質上的差異面的整體；另一方面也消除了這些差異面的純然對立。因此它們的互相依存和內在聯繫就顯現為它們的統一。」[8]所以說王羲之在書法藝術上追求多樣統一的思想，確實是十分精闢，符合藝術規律的真知灼見。其對後世的影響，也非常之大。更為難能可貴的是，他不僅提出理論，而且他還將其運用到自己的書法實踐之中，並以其《蘭亭集序》

---

7 運算元：指算盤上的珠子。
8 此處引自黑格爾著，朱光潛譯：《美學》（北京市：商務印書館，1982年），第一卷，頁180-181。

等傳世佳作證明了自己的理論。

　　唐人何延之在《蘭亭始末記》中論王羲之的書法時說：「字有重者，皆構別體。其中『之』字最多，乃有二十許字，變轉悉異，遂無同者。」姜夔在《續〈書譜〉草》中說：「王右軍書『羲之』字，『當』字，『須』字，『深』字，『慰』字，最多，多至數十字，無有同者，而未嘗不同也。」所謂的「無有同者」又「未嘗不同」，便是對王羲之「一字須數體俱入，一紙須字字意殊」的最好的注腳，也是對他理論和實踐相統一的風格的高度肯定和讚譽。《蘭亭集序》更被尊為「天下第一行書」（米芾語）。傳說唐太宗李世民生前對《蘭亭集序》十分珍愛，死時命人將其隨葬於昭陵之中。甚至梁《虞和論書表》更稱「二王」的書法為「百代之楷式」。唐以後王羲之進一步被人們尊稱為「書聖」和「墨皇」，可見其書法藝術的確已超越前賢，達到了爐火純青的境界，具有為歷代書家「永以為訓」的典範性意義。而他取得的這一成就不能不說和他的「意在筆前」及其相關的論述有莫大的關係。

五十六

聲無哀樂
——魏晉美學中獨特的、最具挑戰性的音樂理論

　　「聲無哀樂」，是嵇康[1]在其《聲無哀樂論》一文中提出的一個著名命題。文章是以「秦客」發問和「東野主人」為主（其實就是作者自己）作答的形式寫成。它的主旨——聲無哀樂，就是在這主客二人的一問一答之中，通過反覆的駁難來論證和闡發的。

　　自先秦以來，人們普遍持守儒家傳統的音樂理念，認為「凡音樂之起，由人心生」，「物感心動，發之於聲，聲之比而成樂」，「聲音之道，與政通矣」（《樂記·樂本》），「移風易俗，莫善於樂」[2]（《荀子·樂論》）等，幾乎無人懷疑過這些理論的權威性和可行性。到了漢代推行「罷黜百家，獨尊儒術」之後，一些漢儒更是把音樂的社會功能作出簡單的理解，無限的誇大，說什麼「治世之音安以樂，其政和；亂世之音怨以怒，其政乖」[3]；「感激憔悴之音作，而民思憂；

1　嵇康（224-263）：字叔夜。譙郡銍（今安徽宿縣西南）人。三國時期魏國著名的思想家、文學家、音樂家。「竹林七賢」之一。曾拜中散大夫，世稱嵇中散。後為司馬昭所殺。有《嵇中散集》。《聲無哀樂論》是其一篇著名的關於音樂美學思想的論文。
2　「移風易俗，莫善於樂」：荀子在《樂論》中談到音樂的社會功能時曾說過：「移風易俗，天下皆寧，美善皆樂。」嵇康引用來闡發他的主張。此二句見秦客與東野主人第一回合的問答。
3　見《十三經注疏毛詩正義》，中華書局影印本，1979年。

單奔慢易繁文簡節之音作，而民康樂」[4]等，這不是把音樂的作用直接對等於國之治亂、民之憂樂了麼？甚至有的漢儒還借先秦的傳說，大肆宣揚「葛盧聞牛鳴，知其子為犧；師曠吹律，知南風不竟，楚師必敗」[5]等，竟把音樂的社會功能說得神乎其神。

嵇康「志在守樸」[6]，「又讀《老》《莊》」[7]，「非湯武而薄周孔」[8]，這些儒家理念對他來說無異於不實之詞，荒謬之論，他不能不加以批駁。所謂的「聲無哀樂」，其主旨在於闡發論 證音樂與哀樂的情感無關，音樂有其本體的自主性，不能使審美主體產生哀樂的情感。概而言之，如「東野主人」所說的：

「夫天地合德，萬物貴生。寒暑代往，五行以成。故章為五色，發為五音……其善與不善，雖遭遇濁亂，其體自若，而不變也。豈以愛憎易操，哀樂改度哉？」

「聲音自當以善惡[9]為主，則無關於哀樂；哀樂自當以情感（為主），則無繫於聲音。」

「心之與聲，殊途異軌，不相經緯」，以及「心之與聲，明為二物」等。

在嵇康看來，音樂是天地合德，陰陽五行運行的產物，不過是一種自然的聲音。音樂的興起，就像天地間的氣味那樣，它的動聽不動聽，雖然會遇到許多不同的擾亂，但它的本質還是原來的樣子，不會發生改變。難道因為人的愛憎哀樂就改易了操作和標準嗎？而且音樂是以動聽與否為主的，與哀樂沒有關係；哀樂是一種心理情感，與音

4　引自向宗魯校點《說苑校正》，中華書局，1987年。
5　葛盧、師曠的傳說均出自《左傳》。是說葛盧聽到牛的叫聲，就知道這頭牛的三頭小牛都做了祭神的犧牲；師曠吹起律管，感到南風不強，就斷定楚國必要打敗仗。此兩句均出自《聲無哀樂論》。
6　志在守樸：見《嵇康集幽憤詩》，意謂他年輕時便愛好老莊，追求「素養全真」的道家境界。
7　引自嵇康《與山巨源絕交書》。
8　引自嵇康《與山巨源絕交書》。
9　善惡：善：美好。在《聲無哀樂論》中曾三次提到「善惡」。這裏的「善」，不像《論語八佾》那樣從倫理道德著眼，而只是講音樂的美與不美，故「善惡」可理解為音樂的動聽和不動聽。

樂也沒有關係。「心」與「聲」是兩個不同的事物，可以說它們是兩股道上跑的車，互不交錯。怎麼能把音樂和社會生活簡單地直線式地聯繫在一起，甚至說它還有這樣那樣的神奇功能呢？

不難發現，嵇康這些建立在「無聲之樂」基礎上的音樂理論，明顯是在向儒家傳統音樂觀念提出挑戰，目的是想從根本上動搖乃至推翻漢儒對音樂功能所宣揚的誇大之詞，荒謬之論，讓音樂回到它自身的本體追求，即所謂的「宮商集比，聲音克諧，此人心至願，情慾之所鐘」，以及「聲音和比，感人之最深者也」。這無疑有其積極的意義，應當予以肯定。但是嵇康把思想情感的內容，從音樂形象中絕對地排除出去（即「聲音……無關於哀樂；哀樂……無繫於聲音」），認為音樂的本質和作用僅限於它外在的形式美（「聲音克諧」，「聲音和比」），否認音樂是一種社會意識形態，就有所偏頗了。

並且為了證明音樂「無關於哀樂」，他所提出的兩條主要根據，也是有正有誤。例如：一、他說：「夫殊方異俗，歌哭不同；使錯而用之，或聞哭而歌，或聽歌而感。然而哀樂之情均也。今用均之情，而發萬殊之聲，斯非音聲之無常哉？」這裏，嵇康看到並指出「殊方異俗，歌哭不同」的這一美感的差異性，這是事實，是正確的。他所說的「或聞哭而歌，或聽歌而感」，也是審美活動中經常會遇到的現象，人們完全可以理解。但嵇康誇大了這種美感的差異性，以致否認欣賞者的美感是由藝術美所引起的，從而得出音樂「無關於哀樂」的結論，這就走向了一個極端。正如王夫之在《詩廣傳》三卷《論鼓鐘》中針對嵇康這一觀點所批評的那樣：「當饗而歎，非謂歎者之亦歡也；臨喪而歌，非謂歌者之亦戚也……事與物不相稱，物與情不相

準者多矣。」「然則，『淮水』之樂，其音自樂，聽其聲者自悲，兩無相與，而樂不見功。樂奚害於其心之憂，憂奚害於其樂之和哉？」「雲移日蔽，而疑日之無固明也，非至愚者不能。」

二、他說：「和聲無象，而哀心有主[10]，夫以有主之哀心，固乎無聲之和聲，其所覺悟，唯哀而已。」這就是說，人之所以在聽樂時會引起情感的變化，其原因不在於和聲的音樂有情感的內容，而在於聽者先有悲哀的情感體驗於內，借外在的音樂的叩觸而發，所以聽者所感悟到的只是悲哀罷了。這裏，嵇康強調「哀心有主」，說悲哀的情感有所依恃，這是對的，即所謂的「至夫哀樂自以事會，先遘於心，但因和聲，以自顯發」。這種認為情感的變化具有一定物質基礎的看法也是合理的，而且是非常深刻的。但他所謂「和聲無象」，說音樂不包含情感的體驗，「無關於哀樂」，這對於一個音樂家來說，豈不是有點荒唐了麼？

總之，嵇康的「聲無哀樂」之論，是複雜的。一方面他反覆強調「聲無哀樂」，說音樂與人的情感無關；另一方面他又多處談到音樂有感人「宣志」的作用。如：「勞者歌其事，樂者舞其功。夫內有悲痛之心，則激切哀言，言比成詩，聲比成音[11]。雜而詠之，聚而聽之。心動於和聲，情感於苦言。嗟歎未絕，而泣涕漣漣矣。」「哀樂之情，必形於聲音。」在《琴賦》中他也說音樂「可以導養神氣，宣和情志」。可見嵇康的「聲無哀樂」之論，有時的確是自相矛盾的。當然，這種矛盾，絕不是偶然的，與他的政治哲學人生行為等都有著

10 哀心有主：哀心：悲哀的心情。主：恃也。即悲哀的情感是有所依恃而發，並非無緣無故產生。與「夫言哀者，或見機而泣，或睹輿服而悲⋯⋯皆自有由」意同，都是說情感的產生或變化，皆是有其客觀的物質基礎。
11 聲比成音：比：排列。《文心調龍情采》：「五音比而成韶夏。」句謂聲音經過排列組合就成了音樂。

密切的關係，是他不能自我解脫，處於矛盾困擾中的一種必然的反映。

例如，雖然他激烈攻擊儒家的「仁義」，認為儒家的「造立仁義」是「開利祿之門」（《難自然好學論》），但他在《太師箴》中卻又說「宗長之仁」是「自然之情」，是大家都有的自然的情感。其實如此建立在宗法制基礎上的「仁」學，與儒學又有何區別呢？一方面，他「言論放蕩，非毀典謨」（《晉書·嵇康傳》），「輕賤唐虞而笑大禹」、「非湯武而薄周孔」（《與山巨源絕交書》），但另一方面他又終身不事二主，保持一個士人的名節，甚至還準備參加田丘儉的起事，試圖把政權從司馬氏手裏奪回來，還給曹氏宗族[12]。這一切，都是嵇康《聲無哀樂論》自相矛盾的內在根由。

儘管如此，「聲無哀樂」命題的積極意義還是不容忽視的。如前所述，除了在反對對音樂和社會生活的聯繫作簡單化的理解方面，在反對無限誇大音樂的社會功能方面的貢獻外，「聲無哀樂」命題的提出，還反映了人們對藝術審美認識的深化。在其論證的過程中所談到的音樂形象本身的問題，音樂形象與創作者、欣賞者、表演者之間的關係問題，樂器的作用問題等看法，對於深入討論音樂藝術，對於音樂藝術的發展都有著重要的借鑒意義。

---

12 此處引自中國美術家（言論）www.apris.Ofg.on2005,7,7馬欽忠《論嵇康·〈聲無哀樂論〉的美學思想》。

《神思》之思
——魏晉美學中充分的、極具創造性的藝術想像論

　　《神思》在劉勰[1]的《文心雕龍》[2]中被列為創作論的首篇,而「神思」也被認為是「馭文之首術,謀篇之大端」,顯然其思想內涵便具有總綱的性質。雖然篇中涉及創作各個方面的問題,但這些問題的核心卻是藝術想像,也是文論家們歷來最為重視的一個焦點。儘管此前顧愷之的《魏晉勝流畫贊》、陸機的《文賦》對此都有談論,而且較為深刻、具體,但劉勰對前人的想像諸說卻並不是簡單繼承或者沿襲,而是深入探究,作出了充分的、創造性的闡釋和發揮。因而,他所論述的藝術想像(即「神思」)就更加充實,更具有系統性和完整性。

1　劉勰(約465-約532):南朝梁文論家。字顏和,原籍東莞莒縣(今山東莒縣),世居京口(今江蘇鎮江)。出身士族,少孤,家貧不婚娶。依沙門僧祐,通佛教經論,同時又崇尚儒學。梁武帝時任朝奉請、東宮通事舍人等職。晚年出家,改名慧地。所著《文心雕龍》,是中國美學史上的一部重要著作。

2　《文心雕龍》:南朝梁劉勰撰寫的中國古代著名文學理論著作。全書共十卷,分上下編,五十篇。是中國文學理論批評史上第一部有嚴密體系的、「體大而慮周」(章學誠《文史通義·詩話篇》)的文學理論專著。全書以孔子美學思想為基礎,兼探道家,全面總結了齊梁時代以前的美學成果,細緻探索和論述了語言文學的審美本質及其創造、鑒賞的美學規律。(參考百度百科)

文章開篇即引用莊子「形在江海之上，心存魏闕之下」[3]來說明想像所具有的超時空的特點。接著又著重以「寂然凝慮，思接千載；悄焉動容，視通萬里。吟詠之間，吐納珠玉之聲；眉睫之前，卷舒風雲之色」來闡釋想像的特點及其在創作中的作用。這些都與顧愷之、陸機的說法不無相同之處。但不同的是，劉勰不僅論述了想像的自由性，他還充分論及藝術想像的一系列必要的前提和條件。這就是他的過人和獨到之處了。

　　其一，他認為，作家在進行藝術想像之前，首先應有一個「虛靜」而充沛的精神狀態。即「陶鈞文思，貴在虛靜；疏瀹五藏，澡雪精神」。這一說法本來源自老莊，意思是說作家在構思之時心理要「虛」而且「靜」。因為虛能容物，靜能觀物，所以要洗除一切雜念、成見，使自身保持一種虛靜空明的心境，才能集中精神去進行藝術構思。但對劉勰來說，因為極其重視「養氣」和創作的密切關係，所謂的「疏瀹五藏，澡雪精神」還包含了一層使人的精神在「澡雪」之後更加清新、充沛和飽滿的意義。我們只要看一看他在《養氣》篇所說的即可明白：「清和其心，調暢其氣」，才能「賈余於文勇」[4]，「水停以鑒，火靜而朗[5]，無擾文思，鬱此精爽」[6]。原來，「澡雪精神」與「清和其心」、「鬱此精爽」都是一回事，意思都是說作家要使自己的精神處於一種虛靜、新鮮而又充沛的狀態，才能有旺盛的精力去進行藝術想像。

3　形在江海二句：出自莊子的《讓王》篇，意謂身體居留在江海之上，而心神卻還想著朝廷裏的爵祿。比喻精神活動不受時空限制。

4　賈余於文勇：出處見《左傳·成公二年》齊國的高固衝入晉軍中奪取兵車，俘虜敵人回來，說：「欲勇者，賈余於勇。」（勇敢的來購買我多餘的勇敢）這裏意謂行文綽有餘力，彷彿有餘勇可賈。

5　水停二句：意謂水靜止下來才可以照影；火靜止不晃動才可以照明。

6　鬱此精爽：鬱：鬱積、培養。句意謂培養這種精神。

其二，要想充分、自由地進行想像活動，作家還必須「積學以儲寶[7]，酌理以富才[8]，研閱以窮照[9]，馴致以懌辭[10]」。就是說作家平時要重視積纍學識，通過明辨事理來豐富自己的才學，研究閱歷進行徹底的觀察，再順著文思引出美好的文辭。這樣經過日積月累的辛勤努力，才能在寫作時從容不迫，才能如「獨照[11]之匠，窺意象而運斤[12]」（像有獨特見解的工匠那樣，憑著想像中的形象來進行創作和構思）。他還認為，「博見為饋貧之糧[13]，貫一為拯亂之藥」。對於作家來說，生活積纍越多越豐富，想像的天地便越廣闊。反之，想像力便會非常貧乏、狹小乃至枯萎。

其三，想像不是個體主觀的憑空冥想，而是對現實具體物象的觀察和感受。所謂的「思理為妙，神與物遊[14]」，就是說要把想像與具體的物象結合在一起，從而將想像植根於現實的基礎之上。這樣的想像實質上就是我們常說的「形象思維」，是產生奇思妙想的又一必要條件。對此，劉勰還打了一個比喻，說：「視布於麻，雖云未貴，杼軸獻功，煥然乃珍。」所謂「想像」，就是藝術家對現實生活中的素材進行藝術加工，由於有了「杼軸獻功」，麻才變成了珍貴的布。

其四，由於人的精神是由內心來主宰的（即「神居胸臆」），「而志氣統其關鍵」，「辭令管其樞機」，因此作為思維活動的藝術想像，

7　積學以儲寶：積學：累積學識。寶：指知識。
8　酌：斟酌。才：才學。
9　研閱：增長閱歷。窮照：徹底地探求或觀照。
10　馴致：順著思路。懌：通繹，抽取，這裏指運用文辭。
11　獨照：獨到的理解。
12　意象：意念或想像中的事物形象。運斤：斤，斧。運斤即用斧頭幹活。這裏比喻進行創作活動。
13　博見：廣博的見聞。饋：進食、餵食。
14　神與物遊：遊：活動、接觸。句意指精神（想像活動）與外物結合。

便不能不受到「志氣」的統帥。「志氣」是什麼？志氣是人的意志和體氣（包括人的思想情感）。人的思想情感是藝術想像的動力，想像是沿著思想情感的軌道來運行的。否則，離開了「志氣」，想像便會壅塞、枯窘，就如劉勰所說的「關鍵將塞，則神有遁心」（機關受阻，精神就渙散了）。「辭令」是指使用的語言。因為任何思維活動都必須通過語言的媒介來表達，沒有不依靠語言來表達的思維活動，藝術想像也不例外。所以劉勰把「辭令」作為掌管想像活動的樞機，意在強調只有準確的語言，才能準確地表達作者所構思的審美意象，這也是他「樞機方通，則物無隱貌」的本意。

劉勰在文章的結尾，還明確指出藝術想像的又一重要特點，那就是「神用象通，情變所孕」。意思是說作家的想像活動與事物的形象貫通在一起，從而產生情感的變化。這說明藝術想像是一種飽含情感的心理活動，正由於它具有「神與物遊」和「情變所孕」這兩個特點，才能產生審美的意象，創作出優秀的作品。

總之，《神思》從構思以前的準備工作，談到構思時的想像，從想像談到了意象，又由意象談到了語言，由語言談到了聲律、比興，再到文章完成後的修改等等，整個創作過程都講得透徹具體，也因此我們說劉勰的「《神思》」堪稱中國魏晉時期最系統最完整的想像論。它涵蓋了陸機「精鶩八極，心遊萬仞」之說，與顧愷之的「遷想妙得」之論，代表了時代的共同認識，達到了其時的最高水準。它從藝術創作的心理活動方面，開拓了美學研究的一個新領域，對後世的藝術理論和藝術實踐都產生了廣泛而深遠的影響。

「隱秀」之辯
——魏晉美學中精闢的、最具時代特點的意象說

　　「意」和「象」這兩個不同的範疇，先秦時期的《莊子》、《周易》等著作都明確談論過。到了魏晉，王弼又提出「得意忘象」的命題，對兩者的關係作了深入的探討。但「意象」以一個詞出現，卻是在劉勰的《文心雕龍》之中。劉勰對「意象」作出的精闢和最具時代特色的分析，不僅完成了美學領域裏從「象」到「意象」的轉化，對後來意象理論的確立和發展，也都有著不可估量的意義和影響。

　　劉勰對審美意象的分析論述，主要表現在「隱秀」這一組對立統一的範疇上。何謂「隱秀」？《隱秀》篇中說：「情在詞外曰隱，狀溢目前曰秀」[1]。「情在詞外曰隱」，就是說審美意象所包含的思想情感內容，不直接用文詞說出來，不表現為推理的判斷形式，所以叫「隱」。這與「夫隱之為體，義生文外」的意思是一樣的。另外「隱」還有一層意思：「隱也者，文外之重旨也[2]」，「隱以復意為工[3]」。

1　情在詞外二句：此二句並非來自今人所見《文心雕龍·隱秀》，而是見之於宋代張戒的《歲寒堂詩話》之中。據黃侃考證，《文心雕龍·隱秀》篇在南宋時還是完整的。大概張戒看到過全文，故加引用。
2　重旨：與「復意」同義。均指兩重（或兩重以上）的意思。一是字面的意思，一是言外之意，弦外之音。
3　工：《說文》:「巧飾也。」一說，工：精善。「工」與下文「秀以卓絕為巧」的「巧」字可以互文，皆謂巧妙之意。

是說審美意象包含的思想內容，不是單一的，而是豐富的，具有多重的含義，因此是「重旨」，是「復意」。這正如唐人皎然《詩式》中說的那樣：「兩重意以上，皆文外之旨。」「秀」有美好、突出之意。「狀溢目前曰秀」，是說一篇文章中的審美意象已充滿眼前，它的形象（「狀」）已非常鮮明，生動可感，所以叫「秀」。為什麼又說「秀也者，篇中之獨拔者也[4]」、「秀以卓絕為巧」呢？這是說審美意象是一篇文章中最美最生動的部分，這種句子在文章只有百分之二（「篇章秀句裁可百二」）的比重，而且是經過各種各樣思慮交織在一起（「萬慮一交」）之後，才產生的。故而「秀」是文中「卓絕」「獨拔」的語句。清代馮班說，「秀者章中迫出之詞，意象生動者也」（《鈍吟雜錄》卷五），說的也是劉勰的意思。

但從作者為說明「隱」「秀」所舉的例子來看，「隱」與「秀」又是不可分割的，二者是一個統一的整體。而且「情在詞外」之「情」（即「意」）常常是通過「狀溢目前」的「狀」（即「象」）來表達的。這一點，也是審美意象所具有的重要特點。

例如在談到「隱」的特點時，作者舉「古詩之離別」即古詩十九首中「行行重行行」為例，認為它寫得很含蓄（「詞怨旨深」）。在詩中作者不說思婦希望自己丈夫早日歸來，不要忘了家鄉，卻說「胡馬依北風，越鳥巢南枝」[5]；不說自己的相思之苦，想得人也瘦了，卻說「衣帶日已緩」[6]；不說自己滿肚子的幽怨真情，卻反而以「棄

---

4 篇中之獨拔：拔：突出、超出。意謂篇中最突出的話。
5 胡馬二句：胡馬：北方胡地所產之馬。越鳥：南方越地之鳥。此皆以鳥獸懷念故土，來說明遊子應當思念故鄉。
6 緩：寬裕。「衣帶日已緩」是說身體一天天消瘦了。

捐勿複道，努力加餐飯」[7]來寬慰丈夫要多多保重。這些話是多麼的「隱」，但細細品味，它又是多麼的「秀」，思婦之情懷畢現無遺，讓人情動心驚，感歎不已。

又如在談到秀句之時，劉勰舉班婕妤《怨歌行》中「常恐秋節至，涼飆奪炎熱」[8]為例。在《怨歌行》，作者以團扇為喻，寫自己被皇帝寵愛又拋棄的遭際。在這首失寵之後寫作的詩中，為什麼要以失寵之前的語氣來寫她「常恐」的心態呢？一方面後宮嬪妃如團扇一樣，只是帝王的臨時用物，色衰愛弛是她們的必然命運。因此這種戰兢如履薄冰乃是封建嬪妃的普通心理狀態。「常恐」也更顯作者早知此事，正不待奪寵之後，方始恍然醒悟。詩人用語之隱微、哀怨之幽深正可以見出。另外，這兩句中表現出的普遍的悲劇命運更讓人歎息。這更是深有體會者才能窺見的「復意」、「重旨」。

可以看出，這些例子都是在反覆說明：「隱」在「秀」中，「意」在「象」裏，二者既有區別又有統一。這正如劉永濟在《文心雕龍校釋》中說的那樣：「隱處即秀處。」所以「意」只有「隱」，才更深刻有味；「象」只有「秀」，才更加生動感人。

為了強調「隱秀」（「意象」）獨有的特點，作者還特別指出：「或有晦塞為深，雖奧非隱；雕削取巧，雖美非秀。」這便為「隱」與「晦塞」、「秀」與「雕削」劃清了明確的界線。一是說「隱」雖是「情在詞外」的「復意」，但若文詞寫得晦澀，讀者看不懂，儘管很深

---

7 棄捐二句：棄捐：丟掉。勿複道：不要再說了。努力加餐飯，是當時人們勉慰親友的通用語。這裏是思婦寬慰丈夫的話。意思是說，什麼話都不要再說了，你離家在外，還望多多保重。
8 常恐二句：秋節：雙關語，隱含人生的秋季，韶華已衰。涼飆：涼風，秋風。象徵帝王另有新歡。炎熱：喻戀情熾熱。二句意思是說常常害怕秋季到來，涼風吹走了炎熱，帝王有了新歡，自己隨之失寵。

奧，卻不是真正的「隱」。二是「雕削」和「秀」的界線。「雕削」是人為做作，孤立地雕琢詞句，雖然可以「取巧」（形式美），但它不是「秀」（生動的藝術形象）。把握好這兩條界線，對作家來說是非常重要的。

此外，劉勰在《神思》篇中提到的「獨照之匠，窺意象而運斤」，第一次鑄造出「意象」之詞，並對它作了形象的描述：「登山則情滿於山，觀海則意溢於海」，這豈不是對「情在詞外曰隱，狀溢目前曰秀」的最好詮釋嗎？因為一想到登山，情思裏便充滿了山的景色；一想到觀海，想像中便騰湧出海　　　的風光。這是什麼？意念或想像中的形象，就是「意象」，也就是「情在詞外」的「情」，「狀溢目前」的「狀」。劉勰不僅創造了「意象」，提出了魏晉美學中最精闢最具時代特色的意象說，他的思想，對後世的創作，尤其是對宋代王廷相、陸時雍等人的意象論，也都有著直接的深刻影響，這是我們今天探討「隱秀」之辯不能不論及的。

《文心》之「情」
——魏晉美學中一往情深的情感論

在中國古代文論家中，劉勰非常重視以「情」論文。《文心雕龍》五十篇，有三十多篇都談到「情」在文學創作中的重要地位和作用，可見其一往情深。他最具綱領性的說法，則是《情采》篇中提出的「情經」、「志本」之論。

《情采》的主旨，原本是講文學創作內容和形式的關係，即所謂的「文附於質」、「質待於文」，以及兩者如何結合，才能產生情采並茂（「文質彬彬」）的作品等。但其中的這兩段話值得我們特別留意：

「故情者文之經，辭者理之緯；經正而後緯成，理定而後辭暢，此立文之本源也。」

「夫以草木之微，依情待實；況乎文章，述志為本，言與志反，文豈足徵[1]？」

這兩段話不僅是講創作的「文」、「質」關係，而是直接觸及到

1　言與志反，文豈足徵：言：說的話，這裏指書面語言。志：情志。指作者的思想情感。句意是說，若語言與情志相反，文章的真實性難道還可信嗎？

藝術的本質和規律，提出了一個帶根本性的命題——「情者文之經」，文章「述志為本」。什麼意思？前者說情理是文章的經線，文辭是情理的緯線。像織布那樣，經線正了緯線才能織上去，情理確定文辭才能暢達，這便是文章創作的根本。所謂「述志為本」，其意思也完全一樣。這裏稍作解釋。我們知道，「情」、「志」應是兩個不同的概念，但自《尚書·堯典》提出「詩言志」，中經荀子、毛萇等人的闡釋和發揮，到了魏晉時期，「情」與「志」已經漸趨統一，陸機在《文賦》中已率先將情志連用（「佇中區以玄覽，頤情志於典墳」）。我們以為，劉勰自然明曉「情」中含「理」、「情」與「志」諧的趨勢，雖然他將「情」、「志」分開使用，但其所表達的意旨，卻都是同一的立文的「本」、「源」，是文學創作的本質和規律。在他看來，「情」、「志」既然是創作的根本，那麼，離開了它們，文章寫得「繁採」卻「寡情」，必然「味之必厭」；倘若「言與志反」，言不由衷，豈不讓人更加難以置信？為什麼劉勰把文學作品看做是「情文」，大力提倡「為情造文」，堅決反對「為文造情」，其原因皆在於此。

當然，劉勰提出的「情經」、「志本」之說，僅僅是他「情感論」的核心和綱領，其豐富的內涵遠不止此。故而要真正全面瞭解《文心》之「情」，還需要研讀其具體的闡釋和論述。

例如，在《明詩》篇中他說：「人稟七情，應物斯感，感物吟

志，莫非自然²」。《物色》篇中說：「春秋代序，陰陽慘舒³。物色之動，心亦搖焉。……物色相召，人誰獲安⁴？是以獻歲發春，悅豫之情暢；滔滔孟夏，鬱陶之心凝……」這些都是在說，人具有喜、怒、哀、懼、愛、惡、欲的情感，而情感是創作的原動力，創作是作家感於物而後動的結果。

又如《詮賦》篇中說：「情以物興」、「物以情觀」。意思是說情思因外物而興起，外物通過情思來觀察。所以在審美觀照中，「情」與「物」、主體和客體是融為一體，互為因果的。正因為如此，《物色》篇中才又有「情往似贈，興來如答」的說法。這裏，劉勰明顯是將無生命的自然物擬人化、情感化了。這與德國美學家立普斯所宣導的「移情說」又有何異呢？

至於談到「情」在整個創作過程的地位和作用，《文心》中的獨特論述和分析幾乎處處可見，令人歎為觀止了。如在開始構思之時，《熔裁》裏講：「履端於始，則設情以位體。」《定勢》中講：「因情立體，即體成勢。」這都是說，第一步要根據情思來確定體制，就著體制來形成文勢（也就是風格）。《總術》說要講究技巧，要像善於下棋之人那樣寫作，「按部整伍，以待情會」。意謂按部就班，等待情思醞釀成熟，才能「因時順機，動（寫作起來）不失正（正軌）」。其它如在寫作之時《定勢》要像「繪事圖色」那般「文辭盡情」⁵；

2 人稟七情四句：稟：稟持、具有。句意謂人具有喜、怒、哀、懼、愛、惡、欲七種情感，情感受到外物刺激就發生感應，有了感應就會吟唱情志，這沒有不是自然而然形成的。
3 春秋代序，陰陽慘舒：慘：憂鬱、鬱悶。春秋：這裏泛指四季。陰指秋冬，陽指春夏。句意謂春夏秋冬交替，陰沉的天氣使人感到鬱悶，陽和的時候使人感到舒暢。
4 物色相召，人誰能安：安：安然，不為外物所動。句意謂對外界景物的感召，誰人能無動於衷呢？
5 繪事圖色，文辭盡情：繪事：繪畫。圖色：設色、著色。圖，這裏用作動詞。盡：充分表達。句意說像繪畫要講究著色那樣，文辭要儘量表達情感。

在想像的過程中，《神思》說「登山則情滿於山，觀海則意溢於海」；以及《附會》篇說：「創作必以情志為神明，事義為骨髓，辭采為肌膚……」等，都是強調「情」在文學創作中的突出地位和作用。

特別值得注意的是，由於「情」、「物」、「辭」常常處於「情以物遷，辭以情發」[6]的狀態之中，故而《文心》還強調指出，作家創作時，更應「既隨物以宛轉，亦與心而徘徊」。意思是說作者既要貼切地寫出景物的情狀，又要表達出對景物的情感。這樣，才能在「物有恆姿」（有一定的形狀）、「思無定檢」（無一定的限制）的情況下，創作出「物色盡而情有餘」的優秀作品（以上皆引自《物色》）。這實在是劉勰又一獨特的審美體驗，後人不可忽略越過。

我們還可以用「承上啟下」來確定劉勰「情經」、「志本」之論的歷史地位。

從「承上」方面來看。之前無論是《尚書・堯典》的「詩言志」說，還是《論語・陽貨》中講的《詩》「可以怨」，以及陸機《文賦》中的「詩緣情而綺靡」，都只談到「詩」而未涉及「文」。雖然屈原在《悲回風》中說他寫《離騷》是「編愁苦以為膺」，但那和司馬遷所主張的「文以抒憤」一樣，都只是談人的「七情」中的一種，頂多也只是在「為憂造藝」[7]。其它如荀子的《樂論》、毛萇的《詩大序》等，關於「情」的論說，都有其相對的局部性，而非系統的整體理論。可《文心》之「情」，不僅把「情」、「志」統一起來，提到了「立

6　情以物遷，辭以情發：遷：遷移、改變。句意謂感情因景物而改變，文辭因情感而產生。

7　為憂造藝：意謂將心中的憂愁，難解的情結，織結而成文章、詩歌等。「為憂造藝」與「為情而造文」同義。錢鍾書《管錐編》二冊在談到屈原的《悲回風》：「糾心以為繯兮，編愁苦以為膺」之時，也曾說：「『為繯』，『為膺』，化一把辛酸淚為滿紙荒唐言，使無緒之纏結，因寫憂而造藝是矣。」即是此意。

文之本」的高度，而且還作出了　全面的、具體的闡釋和論述。特別是「情者文之經」中所謂的「文」，既涵蓋了「詩」，涵蓋了「樂」，幾乎可以說一切文學、藝術的創作無一能逃此例。劉勰的「情感論」對於此前各家關於「情」的論說，的確是一個全面的總結和超越。

至於「啟下」，其影響就更為廣泛而且深遠。我們引述一些後世相關論說即可見一斑。宋代范晞文講：「景無情不發，情無景不生」[8]，與劉勰「情以物興，物以情觀」之說息息相通。清人張竹坡在《金瓶梅讀法》中說：「做文章不過情理二字……於一個人心中討出一個情理，則一個人的傳得矣」，這與劉勰所謂的「情者文之經，辭者理之緯」沒有不同。湯顯祖《牡丹亭還魂記》中所言「因情成夢，因夢成戲」的說法，與劉勰「因情立體」、「為情造文」的見解並無差別……

當然，關於情感在文學藝術創作中的地位和作用，西方論家也有不少談論。如羅丹所說的：「藝術就是情感。」（《羅丹藝術論》，傅雷譯，天津社會科學院出版社，2009年版，第3頁）華茲華斯講的：「一切好詩都是情感的自然流露。」（劉若端、曹葆華譯：《十九世紀英國詩人論詩》北京市：人民文學出版社，1984年，頁6）但這些都是在西方文藝復興之後，才普遍湧現出來的一種說法。因此可以毫不誇張地說，《文心》之「情」的一系列論述，在世界美學史上，也是最早提出的。

8　此處出自范晞文《對床夜話》卷二。「景無情不發，情無景不生」，是他在談到杜詩「感時花濺淚，恨別鳥驚心」等詩句之後所作的評語。意在強調在詩歌意象中，「情」與「景」是不可分離的，只有情景交融才算得上好詩。

《體性》之「體」
——魏晉美學中最具代表性的風格和作家關係專論

　　關於風格問題，《文心雕龍》中的《風骨》、《定勢》、《時序》、《事類》、《才略》等篇，都有談論，但都只涉及局部或枝葉。只有《體性》篇集中論述了作家的才性、氣質和作品風格的關係，成為劉勰風格論的核心和主幹。

　　所謂的「體」，是指體貌（即風格）；「性」，是指作家的性情（包括個性和氣質）。由於《體性》之「體」包含著人的才、氣、學、習四個方面的內容，或者說它暗含著風格即人的意思，因此文章一開頭便講：

　　「夫情動而言形，理髮而文見，蓋沿隱以至顯[1]，因內而符外者也[2]。然才有庸俊，氣有剛柔，學有深淺，習有雅鄭，並情性所鑠[3]，陶染所凝[4]，是以筆區雲譎，文苑波詭者矣[5]。故辭理庸俊，

1　隱：隱含。指隱含於人心中的情理。顯：指語言文辭，是情志的外在表現。
2　因內而符外：言內在的情志，與外在文辭相符。
3　鑠：金屬熔化，引申為形成。
4　陶染：陶冶、染變，指後天的影響。
5　筆區雲譎，文苑波詭：筆區、文苑，均指文壇。雲譎、波詭，謂如雲彩波浪那樣變幻奇譎。

莫能翻[6]其才；風趣剛柔，寧或改其氣；事義淺深，未聞乖其學；體式雅鄭，鮮有反其習；各師成心[7]，其異如面。」

就是說：感情激動形成語言，道理表達體現為文章。這都是由隱於內心的情理，顯現成語言文字，其內容和外在形式相符的緣故。而「才」有平庸或傑出，「氣」有剛強或柔弱，「學」有淺陋或淵博，「習」有雅正或浮靡，卻都是由性情所造成，習俗所陶冶。由此可見，文辭理論的庸俊，風格趣味的剛柔，言事述義的深淺，體制形式的雅鄭，這些都是分別由作家的才能、氣質、學識、習染所決定的。所以說，作家憑著自己的個性寫作，作品就像他們的面貌那樣，各不相同。

既然「才」、「氣」、「學」、「習」，都是由先天的性情所造成，後天的習俗所陶冶，那麼所謂的「各師成心，其異如面」，實際上不就等於說有怎樣的才、氣、學、習，就有怎樣的風格嗎？因為文學作品的風格是作家才性的外在表現，儘管各不相同，但那「其異如面」的風格，畢竟要憑藉「各師成心」，即依照已經形成的才情和個性才能形成。可見劉勰的確非常重視人先天的稟賦和氣質，但卻又不失辯證。一方面他雖然強調「才」、「氣」——即人的才性、氣質對於作品的風格具有決定性的作用，認為「吐納英華[8]，莫非情性」，並斷言說從賈誼、司馬相如、揚雄、劉向等十二位作家的作品風格，可以看出他們的「自然之恒姿（天賦），才氣之大略」。然而另一方面，

6　翻：與下文中的「改」、「乖」、「反」含義近似，都是改變、不同之義。
7　各師成心：師：師法、依照。成心：已經形成的才、氣、學、習等性情特點或個性。句意是作家各自依照自己的個性來寫作。
8　吐納英華：吐納：發表。英華：指精彩的作品。句意是作者創作出精粹華美的作品。

他又不斷強調後天的「學」、「習」對於風格形成的重要性。比如《體性》中剛講了「才由天資」，馬上又說「學慎始習」，前一句說了「情性所鑠」，後一句便言「陶染所凝」。他還明確指出：「八體屢遷，功以學成」[9]，作者要「摹體以定習，因性以練才」[10]。這些都充分說明，他既重視先天的才氣，又重視後天的「學」、「習」，並認為二者相結合，才能寫出好作品。《事類》篇中說：「才為盟主，學為輔佐，主佐合德，文采必霸」，也是相同的意思。

當然，在劉勰之前，關於作家才性和風格的關係已有人論及。曹丕在《典論・論文》中說：「應瑒和而不壯，劉楨壯而不密，孔融體氣高妙，有過人者。」[11]陸機在《文賦》中也講過：「故夫誇目者尚奢，愜心者貴當，言窮者無隘，論達者唯曠。」[12]但這些說法都比較抽象、簡略。劉勰在《體性》篇中則不但詳細談到了作家的才、氣、學、習是作品風格的決定因素，而且還把文章的風格具體分為典雅、遠奧、精約、顯附、繁縟、壯麗、新奇、輕靡八體[13]，並評析了各種風格的基本美學特徵，進而又把八體分為四組，四組之間還有一正一

9　八體屢遷，功以學成：屢：多次、經常。遷：變遷。句意謂八種風格經常變化，而成功決於學問。

10　摹體二句：摹：摹仿。體：風格。句意是從摹仿各種風格中，確定自己學習的方向；根據自己的個性去培養寫作的才能。

11　應瑒和而不壯數句：係曹丕在其《典論・論文》中對建安七子作品風格所作的評語。「和而不壯」：意即和諧但不剛健；壯而不密：則是說清新剛健但不嚴密；體氣高妙：是說文章風格高雅美妙。含意都比較抽象。特別是曹丕認為風格的形成主要決定於作家的氣質、才能，天生的氣質、才能又是「雖在父兄，不能以移子弟」的，可見他不懂得後天的社會實踐和學習鍛鍊所起的重要作用。

12　誇目者四句：誇目：指崇尚辭藻。愜心：愜意、心滿意足。當：貼切、嚴密。窮：困，有簡約局促之意。無：語詞，同「唯」。無隘，即隘、險阻。論達：論述暢達。此數句皆言作者個性不同，則文章的風格也不同。其意仍是重申「體有萬殊，物一無量」之義。

13　典雅……八體句：典雅者：言典雅的風格是從取法經典中得來，同儒家的著作並行不悖；遠奧者：言其辭采豐富文義深遠，是以闡發老莊學說為主的；精約者：是說反覆考慮節省字句，分析解剖精細入微；顯附者：是說語言直質，意義明顯，講得令人心服；繁縟者：言其比喻眾多、辭采豐富，如同分出許多的支派，絢麗多彩；壯麗者：言其議論卓越，體制宏偉，文采突出；新奇者：是說拋棄古舊，追求新穎，未免要走上危險的道路；輕靡者：是言其文辭浮華，柔弱無力，既輕浮不實，又流於媚俗。

反的關係，即「雅與奇反[14]，奧與顯殊，繁與約舛，壯與輕乖」。從其分析中不難看到，「典雅與新奇，指體式而言；遠奧與顯附，是指事義而言；繁縟與精約，指辭理而言；壯麗與輕靡，指風趣而言」。這樣的分類和分析，比起曹丕、陸機的談論來，要完善得多明確得多。可以說，劉勰這種由人到文的分析和論述，是區分文章風格，闡述風格和作家關係最早最突出的專論。後來皎然在《詩式》中以十九字概括詩體，司空圖寫作《二十四詩品》等，都受到他直接或間接的影響。

需要說明的是，雖然劉勰將文章的風格分為八體，但是他在《體性》篇中評論賈誼、司馬相如等作家的風格時，卻列舉了十二位之多，其中究竟哪位應歸入何體，並沒有加以說明。然他卻說過：「總其歸途，則數窮八體。」可見，「八體」其實是指八種類型。

此外，劉勰還認為，一個作家的風格並不應受一體的限制，而應該將八體「會通合數」（即融會貫通合於一定的原則），從而演化出不同的但又是相輔相成的風格，即所謂的「得其環中，輻輳相成[15]」。劉勰的這一看法無疑是通達的，也指出了一位作家卻可有多樣化風格的可能。

不難看出，《體性》之「體」，的確是魏晉美學中最突出的、具有相當代表性的關於作家風格關係問題的專論，倘若聯繫《定勢》篇

14 反：與下文的「殊」、「舛」、「乖」近似，均是相反、不同之意。
15 輻輳相成：輻：輻條。輻輳是說車輪的輻條集中到車轂上。句意是說輻條和車轂共同構成車輪。這裏是用來比喻各種風格會合變通。

講的「因情立體，即體成勢」[16]，《風骨》篇講的「怊悵述情，必始乎風；沉吟鋪辭，莫先於骨」[17]，以及《時序》篇講的「文變染乎世情，興廢繫乎時序」[18]來看的話，劉勰的風格論，就不僅是講風格和作家的關係，而且說風格既與體制密切相關，又受時代風尚制約，從而構成中國美學史上最完整最系統的風格學理論體系。自然，其意義，就並非一言能夠說盡。

---

16 因情立體，即體成勢：勢：文勢，指風格傾向。句意謂依據情理內容，確立作品的體制；就著體制形成作品的文勢。這兩句涉及風格和體制的關係。

17 怊悵四句：意思是說深切動人地表達情感，一定要從「風」的感化開始；沉吟推敲運用文辭，沒有比注意「骨」更重要的了。「風」指思想情感的感染力。骨：是辭采的軀幹，它要求語言表達要條理分明、精練有力。風骨這一美學概念，在這裏，顯然又對風格提出了更高的要求，即作品的內容既應具有充沛的思想感染力，在表現上又要有剛勁遒健的體貌。

18 文變二句：染：感染。興廢：盛衰，指文風。句意謂文章的變化受時代學風的感染，不同文體的盛衰又其時的氣運相關。這一說法又涉及時代風尚對風格形成的制約關係，由此可見劉勰的風格論，的確方面面都考慮到了，真不愧是中國美學史上一個前無古人的系統的風格學理論體系。

以品論詩
——中國美學史上百代詩話之濫觴

鍾嶸[1]的《詩品》是中國古代最早的一部詩論專著,後人譽之為「百代詩話之祖」。明代毛晉汲古閣本《詩品》跋稱之為「詩話之伐山」,清代章學誠稱其為「詩話之源」。其實,《詩品》開山功不可沒,其內容本身亦足可光照後世。

據《梁書》本傳,鍾嶸做晉安王記室時,曾品古今五言詩,論其優劣,名為《詩評》。《隋書·經籍志》說:「《詩評》三卷,鍾嶸撰,或曰《詩品》。」可見,《詩評》與《詩品》是一本書的兩個不同名稱。由於「品」字除了有品評的意思外,還有歸出種類、分出差等的意思,所以「以品論詩」,既是評詩,也是品人,其主旨是為了「顯優劣」、「定品第」。

他何以要以品論詩呢?鍾嶸認為,已有的論著(如陸機的《文賦》等),不是「就談文體,而不顯優劣」[2],便是「並義在文,曾

1　鍾嶸(約468-518):字仲偉,潁川長社(今河南長葛)人。齊時,官至南康王侍郎,入梁,歷任參軍、記室一類小官。著有《詩評》三卷。主旨顯優劣、定品第、倡風力、批玄言。全書共品評自漢魏至齊梁的一百二十多位詩人。後以《詩品》定名,流傳至今。
2　就談文體,不顯優劣:意謂只談文章的體貌、創作的原理,而不說作家作品的好壞優劣。

無品第」[3]。加之他對其時詩壇「庸音雜體，人各為容」[4]的風氣極為不滿，故而為了「辨彰清濁，掎摭利弊」[5]（以上引文均見《詩品序》），才不得不通過寫作《詩品》來樹立準則，匡正時弊，希望能使詩歌創作走上正確的道路。這也就是《詩品》的創作宗旨。

當然，鍾嶸分品論人以品論詩的做法，也是受到社會氛圍的影響。如《詩品序》中所指出的那樣，自漢以來，即有「九品論人，七略裁士」的做法，而劉歆的《七略》以七類來分述過去的學術流派。受人物品藻風氣影響，曹丕《典論·論文》有對建安七子優劣的評論，謝赫《古畫品錄》有對畫家六品的劃分，庾肩吾《書品論》有對書法家分九品的說法，還有沈約的《棋品》（已佚）等等。到了齊梁時期，以品論人、論學、論書、論畫、論棋之風愈演愈烈，鍾嶸自然不能逃脫其影響。

《詩品》一共評論了自漢魏至齊梁共一百二十四位詩人，把他們分為上中下三品，一品一卷。書前有序文，即全書總論；正文品評詩人作品的藝術特色和淵源流變。兩部分內容互相配合，相互印證，可謂珠聯璧合。

在評選的原則上，全書以五言詩為主。認為凡入選的詩人皆可稱為才子，所選之詩均是優秀作品；被評之詩人，都是故世之人，「不錄存者」；同一品中作者的排列順序，「略以時代先後，不以優劣為詮次」（《詩品序》）。其中列入上品的，除了古詩之外，有李陵、班

---

3 並義在文，曾無品第：並義在文：是說宗旨都在文章本身。品第：品評優劣並定其等級。句意是說各種詩文都搜集起來，卻不品評高低、上下。

4 庸音雜體，人各為容：庸：平庸。容：容貌。句意是說，平庸的詩篇雜亂的詩體；各各不一，紛紛出現。

5 辨彰清濁，掎摭利弊：辨彰：辨別、辨明。掎摭：指謫。句意謂辨明風格的清濁、剛柔，指謫文章的優劣長短。

姬、曹植、劉楨、王粲、阮籍、陸機、潘岳、張協、左思和謝靈運十一位；列入中品的有秦嘉、徐淑、曹丕、嵇康、張華、何晏、陶潛、沈約等三十九位；列入下品的，有班固、曹操、徐幹、阮瑀、應璩等七十四位。

鍾嶸以品論詩，也極重視其淵源流別。在正文的評論中，他把入選的詩人之作分為三大源頭。一是國風派，以古詩、曹植為首，認為「其源出於國風」。這一派有承傳關係的包括劉楨、陸機、左思、謝靈運等十幾位。如評謝靈運詩時說：「其源出於陳思，雜有景陽之體」，就是其有代表性的品評語言。二是小雅派，稱源於小雅，只有阮籍一人。三是「楚騷」派，以李陵為首，認為其詩直接源於楚辭。其中有承傳關係的人很多，主要有班姬、王粲、曹丕、嵇康、陶潛、沈約、謝朓等約二十位。如評曹丕詩時說：「其源出於李陵，頗有仲宣之體。」

鍾嶸品評詩人，注重風格，探本溯源，考查發展流派，提出了一系列獨特的看法，為文學批評理論開闢了一條新路。但關於某詩源出於某家的說法，卻不盡科學、準確，有的甚至流於牽強附會。因為一個作家風格的形成，因素很複雜。即以其接受以往作家的影響而言，也有多方面的可能，而《詩品》常常只言某家源出某家，顯得片面和武斷。由於受時代偏見和個人喜好的影響，所分品第，難免有失公允之論。如評曹操，「曹公古直，甚有悲涼之句」，而將其列入下品，顯然是鍾嶸重五言、輕四言的緣故。再者，評陶潛，說他「其源出於應璩，又協左思風力。文體省淨，殆無長語，篤意真古……世歎其質直。」將其列入中品。這明顯是由於鍾嶸身處崇尚藻飾華豔的南朝時

代，其審美標準審美情趣與陶潛差距甚大之故。後人對此（包括對陸機的品列過高，對謝朓的品列過低）其實有很多質疑和反對。

儘管如此，我們認為，《詩品》中具有普遍美學意義的理論和見解，才是我們應該高度重視和真正關切的所在。

譬如在詩歌產生的本源問題上，他說：「至於楚臣去境[6]，漢姿辭宮[7]，或骨橫朔野[8]，魂逐飛蓬；或負戈外戍[9]，殺氣雄邊；塞客[10]衣單，孀閨[11]淚盡；或士有解佩出朝，一去忘返；女有揚娥入寵，再盼傾國[12]，凡斯種種，感蕩心靈，非陳詩何以展其義？非長歌何以騁其情？」[13]這裏就有很新的首創見解，因為他明確提出社會生活是文學藝術創造的對象，是詩歌產生的本源。陸機、劉勰未曾談過，此前的美學理論中也很難找到。在鍾嶸那裏，四時景物，迷人的風光，固然可以「搖盪性情，形諸舞詠」[14]，但更為重要的，卻是多樣的社會生活，是人世間的悲歡離合，順逆恩怨。特別是他提到的生活面相當廣闊，從宮廷到戍邊，從楚臣到塞客，從漢姿到孀閨，「凡斯種種」，幾乎其時社會生活的方方面面都包括了。

在詩歌的功能問題上，他也有獨到的見解。在談及詩歌「展

6　楚臣去境：指屈原放逐。
7　漢姿辭宮：指王昭君出塞。
8　朔野：指現今陝西西北、內蒙古一帶的荒野之地。
9　外戍：駐守邊疆。
10　塞客：指戍邊的士兵。
11　孀閨：孀：寡婦。閨：女子居住的內室。
12　揚娥入寵，再盼傾國：指漢武帝李夫人得寵之事。因李夫人之兄李延年曾在武帝面前歌舞，唱道「北方有佳人，絕世而獨立。一顧傾人城，再顧傾人國。寧不知傾城與傾國，佳人難再得。」李夫人因此入宮得寵。
13　非陳詩二句：陳詩：賦詩。長歌：放聲歌唱。騁：盡情而不受拘束。句意是：不寫作詩歌用什麼來表達思想，不吟唱詩歌用什麼來抒發感情。
14　搖盪性情，形諸舞詠：（見到了外界的景物）心中激蕩，於是便把它表現在歌舞上面。簡言之，見景生情，寄情歌舞。

義」、「騁情」的功用後，他又接著說：「故曰：『詩可以群，可以怨。』使窮賤易安，幽居靡悶[15]，莫尚於詩矣。」這不是更加說明詩歌藝術具有巨大的排遣情感的功能？要求得心理上的平衡，要排泄心中的鬱悶，更是非詩莫屬。當然，「詩可以群，可以怨」是孔子的說法，但鍾嶸更為重視的，卻是其中的「怨」。他之所以在文末列舉了一大串詩人的怨詩，如陳思「贈弟」、仲宣（王粲）《七哀》、鮑照「戍邊」、陶公《詠貧》等，又評李陵「文多悽愴」，班姬「怨深文綺」，王粲「發愀愴之詞」等，其原因都是在強調怨悱之情對於好詩產生的重要性和特殊意義。

此外，基於對詩歌以情感人的本質認識和追求，除了極力抨擊其時的玄言詩「理過其辭」、「皆平典似道德論」之外，在品評詩人作品方面，鍾嶸大量採用了直觀感性的形象化的比喻、比較等方法，這是其以品論詩又一重要的特點和貢獻。

《文史通義·詩話》說：「《詩品》之於論詩，視《文心雕龍》之於論文，皆專門名家，勒為成書之初祖也。《文心》體大而慮周，《詩品》思深而義遠；蓋《文心》籠罩群言，而《詩品》深從六藝溯流別也。」我們以為，這一評論今天仍未過時。

---

15 窮賤易安，幽居靡悶：安，有安定、安心之意。幽：幽靜、幽雅。幽居則有隱居、閒居、獨居之意。二句意思是說，貧窮低下之人，容易取得心理上的平衡，隱遠閒居的人，心中沒有鬱悶。

以「味」論詩
——魏晉美學中很深刻、很豐富的詩歌鑒賞標準——「滋味說」

　　鍾嶸以「味」論詩，是他文學批評的又一顯著特點，同時也是他審美鑒賞的一條重要標準。在《詩品序》中有這樣一段論述：

　　「夫四言，文約意廣，取效風騷¹，便可多得。每苦文繁而意少，故世罕習焉。五言居文詞之要，是眾作之有滋味者也，故雲會於流俗²。豈不以指事造形³，窮情寫物，最為詳切者耶！故詩有三義焉：一曰興，二曰比，三曰賦。文已盡而意有餘，興也；因物喻志，比也；直書其事，寓言寫物，賦也。弘斯三義⁴，酌而用之，幹之以風力⁵，潤之以丹彩，使味之者無極⁶，聞之者動心，是詩之至也。」

　　這段話至少有以下三層意思：

1　風騷：風：國風，代指詩經。騷：指離騷。
2　會於流俗：會：合、適合。流俗：世俗。句意謂適合世人的欣賞口味。
3　指事造形：按照事物本來的面貌，描寫它的形象。
4　弘斯三義：弘：光大、擴大。斯：此，指興、比、賦。「興比賦」：古代詩歌的三種表現手法。
5　幹之以風力：幹：主幹、骨幹。風力：即《文心雕龍》中所說的風骨之意。句意是說用風骨作主幹。
6　使味之者無極：味，作動詞，體味、品味。句意是說使品味詩歌的人感到餘味無窮。

一、明確地指出五言詩取代四言詩必然的發展趨勢。因為四言詩文辭繁多，含義甚少，社會上已很少有人學習寫作。而五言詩是詩歌的主體，是各種詩體中最有滋味的，最適合世人的欣賞口味。

二、界定了所以「有滋味」，是因為「指事造形，窮情寫物，最為詳切」。這是鍾嶸評論詩歌的標準，就是按照事物的本來面貌去塑造形象，充分地抒發情感，描寫景物，做到細緻、貼切，這就叫「有滋味」。

三、為了達到這一標準，他還指出了兩條詩歌創作的可行的方法或途徑：（一）是弘興、比、賦三義，「酌而用之」。鍾嶸解釋說，言有盡而意無窮，叫興；以物來喻志，叫比；直書白描，寓思想於寫物之中，叫賦。光大這三種手法，可以根據內容的需要酌情使用。其解釋與前人不盡相同，其中對「興」的解釋尤有新意。（二）是「幹之以風力，潤之以丹彩」。是說詩歌要以風骨為主幹，用辭采來潤色。要使品味詩歌的讀者感到餘味無窮，聽到吟誦詩歌的人，心裏深深感動。這樣才達到了詩的最高境界。

作為「弘斯三義，酌而用之」的補充，他還提出了注意事項。即「若專用比興，患在意深（深奧），意深則辭躓[7]。若但用賦體，患在意浮（膚淺），意浮則文散（鬆散）」，文章便會流於輕浮油滑，文不逮意，那就有「蕪漫之累」[8]了。

這樣，經過作者的闡釋和補充之後，所謂的「滋味」，其內涵更

---

7 躓：礙、不順暢。
8 蕪漫之累：累：病累。句意謂有蕪雜散亂的毛病。

加明確完整。原來，「有滋味者也」，其實並不僅僅是指「窮情寫物，最為詳切」，同時還包含了「文已盡而意有餘」，作品既要有「風力」、「丹彩」，又要達到「使味之者無極，聞之者動心」的藝術效果，這才叫「有滋味」。否則如果像玄言詩那樣「理過其辭」，「平典似道德論」，那就「淡乎寡味」，這樣的詩也就很少有人去看，更談不上產生情感上的共鳴了。這也是他針對玄言詩而提出「滋味說」的一個重要原因。

當然，講滋味並不自鍾嶸始。早在先秦時期，老子就說過：「道之出口，淡乎其無味[9]。」（《老子》三十五章）孟子在《告子上》中也講過：「口之於味，有同嗜焉；耳之於聲，有同聽焉。」可見，那時人們對於「味」的審美意蘊已經有了瞭解。到了魏晉時期，陸機率先把「味」用到了文學領域，在《文賦》中，他批評「清虛婉約」之作時說：「闕大羹之遺味，同朱弦之清汜。」[10]至於劉勰的《文心雕龍》，講味講得更多。如《情采》篇：「繁採寡情，味之必厭」；《聲律》篇：「吟詠滋味，流於字句」；《史傳》篇：「儒雅彬彬，信有遺味[11]」；《隱秀》篇：「深文隱蔚，餘味曲包」[12]等。雖然劉勰已經談到「味」與情感、聲律、思想，含蓄的關係，但他沒有像鍾嶸那樣明確指出詩之所以「有滋味」的關鍵所在。

因此我們認為，滋味之說，雖然不始於鍾嶸，可是像他那樣強調

9　淡乎其無味：這是老子的一個審美標準。無味就一種味。王弼注：「以恬淡為味」，老子三十一章也說：「恬淡為上，勝而不美。」可見恬淡的味——「無味」，在老子那裏是一種特殊的美感。

10　闕大羹二句：闕：缺少。大羹：不調五味的肉汁，即水煮的肉湯。遺味：餘味。同：如同。朱弦：深紅色的瑟弦，此指瑟聲。汜：同泛，散。句意是說，如同清水煮肉的老湯，純是純了，但缺少美味。又像廟堂演奏琴瑟，雖然古樸，而音調卻很單調。

11　信有遺味：確實富有餘味。

12　深文隱蔚，餘味曲包：曲包：盡包、全面包容。句意是說文意深沉而有含蓄的文采，言外的餘味全面包容。

詩歌創作要有滋味，而且這個「滋味」既有內涵的界定，又有達到的方法或途徑，甚至還有具體的注意事項。可以說鍾嶸創造性地繼承並發揮了此前各家的論說，成為「滋味說」的集大成者。

「滋味說」對後世的影響也非常深遠，成為歷代論家的共同標準。如顏之推《顏氏家訓》講：「陶冶性靈，……入其滋味」；司空圖《二十四詩品》說：「味外之味」、「味在鹹酸之外」；以及嚴羽《滄浪詩話》中說的，詩的妙處是「透徹玲瓏，不可湊泊，……言有盡而意無窮」等。這些說法都應該和鍾嶸有著直接的關係。

隋唐時期

漢魏風骨，風雅興寄
——唐代詩歌革新運動中卓立千古的詩歌標準

　　我們知道，南朝齊梁時期，輕豔委靡之風盛行，詩文內容空泛，脫離現實，片面追求華麗的形式主義。其餘波蕩及隋和唐初。隋唐之際，雖有有識之士批評反對，但並未煞住此風。甚至連對齊梁詩風頗為不滿的王勃、楊炯，其詩作有些都還「未能脫盡梁陳餘習」和「綺豔之風」。只是到了陳子昂¹，他振臂一呼，打出「漢魏風骨」的旗號，浮豔綺靡的文風才為之一掃，唐代詩歌的復興和健康發展，也才有了正確的方向。陳子昂是在其《修竹詩序》中表明自己的觀點的。序曰：

　　「東方公足下：文章道弊五百年矣！漢魏風骨²，晉宋莫傳，然文獻有可徵者。僕嘗暇時觀齊梁間詩，采麗競繁，而興寄³都絕，每

1　陳子昂（661-702）：唐代文學家。字伯玉，梓州射洪（今屬四川）人。武則天時任麟臺正字，轉右拾遺。他關心國事，直言敢諫。後解職回鄉，為縣令段簡所誣，入獄，憂憤而死。有《陳伯玉集》。陳子昂是唐代詩歌革新運動的先驅，他標舉「漢魏風骨」，強調「興寄」，反對六朝以來的柔靡綺豔文風，所作《感遇詩》等，指斥時弊，風格高昂清峻、剛健遒勁。

2　風骨：古代文藝理論術語。劉勰《文心雕龍·風骨》言：「詩總六義，風冠其首。斯乃感化之本源，志氣之符契也。是以怊悵述情，必始乎風；沉吟鋪辭，莫先於骨；……結言端直，則文骨成焉；意氣駿爽，則文風清焉。」後來也有稱反映現實社會生活、格調比較剛勁的作品為有「風骨」。陳子昂在繼承前人文學理論的基礎上提出的「漢魏風骨」，則是指漢至魏這個時期文學作品的審美特徵。

3　興寄：興：起也。一般認為這裏的「興」是指「比興」，「寄」則有寄託作者情思、志趣等意，所以「興寄」便是「託物起興」、「因物言志」。

以永歎。竊思古人，常恐逶迤頹靡[4]，風雅[5]不作，以耿耿也。一昨於解三處見明公《詠孤桐篇》，骨氣端翔，音情頓挫，光英朗練，有金石聲。遂用洗心飾視，發揮幽鬱。不圖正始之音[6]，復睹於茲，可使建安作者，相視而笑。解君云：『張茂先、何敬祖，東方生與其比肩。』僕亦以為知言也。故感歎雅製[7]，作《修竹詩》一篇，當有知音以傳示之。」

顯然，這篇短序是陳子昂看到了東方虯《詠孤桐篇》，自己又和了一首《修竹詩》之後寫下的。這裏作者借對東方虯的讚譽，表達的是詩歌革新的理論綱領，因此說此序雖屬朋友短箚，卻又有開一代風氣之先的至功。全文大致可以分為三個部分：

一、從「文章道弊」至「以耿耿也」。這部分說：「文章之道（指文風）的衰弊，（從西晉到初唐）已經有五百年了。漢魏時代優秀的風骨傳統，晉宋時沒有流傳下來，然而在現存的文獻上還可找到它的明證。而齊梁的詩歌，片面追求辭藻的華麗，沒有了內在的比興、寄託。我對比古人之作，常常擔心浮艷綺靡的文風（充斥詩壇），風雅之風就此沉寂下去，所以心中非常不安。」這些話，是陳子昂對六朝以來形式主義文風，尤其是對齊梁詩歌「采麗競繁，而興寄都絕」的批判和否定。同時，也表達了他對漢魏風骨「莫傳」和「風雅不作」的強烈不滿和慨歎。

---

4 逶迤頹靡：逶迤：曲折綿延的樣子。頹：委靡、衰敗。靡：奢侈、華麗。指齊梁纏綿華麗的委靡詩風。
5 風雅：詩六義之二。風：指國風。雅：指小雅、大雅。風雅，泛指《詩經》的優良傳統。
6 正始之音：指魏齊王芳正始年間，以嵇康、阮籍為代表的一種風格清峻的詩風。這種詩風的內容，主要是揭露社會的黑暗，表露對現實的不滿，抒發作者心中的理想和苦悶。《文心雕龍‧明詩》說：「正始明道，詩雜仙心，何晏之徒，率多浮淺，唯嵇志清峻，阮旨遙深，故能標焉。」即是言此。
7 雅製：對別人作品的敬稱。

二、從「一昨於解三處」至「僕亦以為言也」。是說:「昨天在解三處看到了你的《詠孤桐篇》,深深感到詩中透出一種端直飛動的風骨之美,它聲情並茂,抑揚起伏,表達鮮明精練,音調鏗鏘有力。於是乎心目為之一新,消除了沉悶抑鬱之感。沒想到正始之音在這裏又再次看到,真的可令建安時代的作者感到莫大欣喜。解君說:『你可以與晉代的張華、何劭比肩。』我認為這實屬知音之言。」這一部分是陳子昂對繼承建安風骨、正始之音的詩作的讚譽和肯定,表達他復睹了「骨氣端翔,音情頓挫」之詩的欣喜和讚歎。

三、序文末尾的兩句。是說:「自己感歎於朋友的作品,寫下了這首《修竹詩》,期望能獻給知音之人欣賞。」其實,這是陳子昂為了實踐自己的文學主張,用比興寄託的手法來寫作的一種展示,目的是希望有更多的人能夠理解他的作品和主張。

從以上簡單分析不難發現,陳子昂所宣導的「漢魏風骨」,亦即包含了「風雅」之體,「正始之音」在內的「建安風骨」,是指漢獻帝建安時代以曹氏父子、建安七子為代表的詩風。這種詩風,或反映社會動亂和人民流離失所的痛苦,或體現要求國家統一的願望和建功立業的抱負,或揭露社會黑暗,抒發個人心中的情懷,大抵都情詞慷慨悲涼,格調剛健清新,同時文辭遒勁有力。但不同的是,陳子昂將「建安風骨」的「風骨」,繼承闡釋並發揮成為:「骨氣端翔,音情頓挫,光英朗練,有金石聲。」這樣,「漢魏風骨」的內涵便更充實更有新意。而且這些特徵,我們只需看一看曹操的《短歌行》、曹植的《贈白馬王彪》、王粲的《七哀詩》,或劉楨的《贈從弟》等,便可找到印證。

至於風雅興寄，我們認為，「風雅」泛指《詩經》的優良傳統，「興寄」則是表現《風》、《雅》這類詩體的手法。這裏陳子昂不言「比興」，而說「興寄」，是因為「寄」有寄託作者情思、志趣之義，更能表現作者的追求。既然「興寄都絕」可以直接導致「風雅不作」，那麼，它同樣也是「漢魏風骨，晉宋莫傳」的重要因素。因為「漢魏風骨」是在吸收《詩經》、《樂府民歌》的有益營養後形成的，故而陳子昂在極力宣導「漢魏風骨」的同時，也特別強調「風雅」、「興寄」。

　　尤為可貴的是，陳子昂還以大量的詩歌作品實現了自己的文學主張。他的《修竹詩》、《感遇詩》（三十八首）和《登幽州臺歌》等，幾乎都摒棄了六朝以來「采麗競繁」的陋習，運用了質樸清新的古詩體式，以比興寄託之法來反映現實生活，抒發自己的思想情感，形成了一種悲壯蒼涼而又高雅的藝術風格。

　　他的《修竹詩序》一出來，便得到了友人盧藏用的高度評價和讚美，說他「卓立千古，橫制頹波，天下翕然，質文一變」。而且，其時的文學家獨孤及也稱讚說：「陳子昂以雅易政，學者漫而向方。」其後的李白、韓愈、皮日休、殷璠、嚴羽等，在論及詩文之道時，都無不沿襲其「風骨」之說。他的主張，也引起王維、高適、岑參、李白、杜甫等一大批盛唐詩人的共鳴。宋人修《新唐書‧陳子昂傳》說：「唐興，文章承徐（陵）庾（信）餘風，天下祖尚，子昂始變雅正。」清人劉熙載在其《詩概》中說陳子昂「能獨起一格，為李杜開先」。這些話，都是對陳子昂歷史貢獻的最好評價。

肇自然之性，成造化之功
——隋唐美學中最富禪宗理念的水墨山水畫論

　　王維[1]從小便深受佛教尤其是禪宗的影響。他一生中遍訪名僧大德，「以談玄為樂」，頗有證悟。早年他曾寫過《春日上方即事》說：「好讀《高僧傳》，時看辟穀方」，「北窗桃李下，閒坐但焚香」。晚年更有「龍鍾一老翁，徐步謁禪宮」的自我寫照，和「山河天眼裏，世界法身中」的證悟（《夏日過青龍寺謁操禪師》）。因而他的美學思想、藝術理念之中，就不可能不深深打上禪宗要旨的烙印。如「肇自然之性，成造化之功」的水墨山水畫論，就是他在繪畫領域裏最富禪宗理念的一個代表性觀點。

　　在《山水訣》[2]中，他說：「夫畫道之中，水墨最為上。肇自然之性，成造化之功。或咫尺之圖，寫千里之景。東南西北，宛爾目前。春夏秋冬，生於筆下。」

　　表面上，這段話的意思是說，在繪畫領域裏，水墨是最佳的畫

1　王維（701-761）：唐代著名詩人、畫家，破墨山水畫的創始者。字摩詰。原籍祁（今山西祁縣）人。後其父遷居蒲州。開元進士，官至給事中。安祿山反軍陷長安時曾受職，亂平後，降至太子中允。後官至尚書右丞，故人稱王右丞。晚年居藍田輞川，過著亦官亦隱的生活。王維詩、畫、音樂皆精。有《王右丞集》。
2　《山水訣》：傳為王維所作。但今人有認為是託名之文者。本文所引畫語，有很高的學術價值，而且充滿禪意，與作為破墨山水畫創始者王維的禪宗理念，息息相通。供大家辨析、參閱。

道。它創造或表現的是宇宙（造化自然）的本體、本性和功用。在咫尺大小的圖畫之中，可以描繪出千里之遙的景物。它既能超越空間，把東西南北四方的物象，呈現在人們的眼前；又可以超越時間，將一年四季的景物，描繪在畫家的筆下。這些話和陸機在《文賦》中所講的「籠天地於形內，挫萬物於筆端」十分相像，似乎都是在講構思和藝術想像的特點，然而從其深層意蘊觀察，這段話卻並非那麼簡單。

在王維看來，水墨之所以能成為畫道中的「最為上」者，根本原因就在於它「肇自然之性，成造化之功」。這兩句話，其實是一種互文見義的修辭結構，所謂「自然」亦即「造化」，「性」也就是「功」。禪宗六祖惠能在《壇經・決疑品》中講得很清楚：「自性建立萬法是功，心體離念是德；不離自性是功，應用無染是德。」在《機緣品》中他還說：「汝之本性，猶如虛空，了無一物可見，……無青黃長短，但見本源清靜，覺體圓明，即名見性成佛。」由此可見，所謂的「性」就是「功」，「功」就是「自性」，是一種可「建立萬法」的佛性。歸納起來，「肇自然之性，成造化之功」就是說，水墨畫要創造和表現的是造化自然（宇宙）的本體和本性，一種可以令人「但見本源清靜，覺體圓明」的禪定境界。

再者，王維之所以把水墨畫列於畫道中「最為上」的位置，還因為水墨的顏色，最自然、素樸，最接近「無念為宗，無相為體」[3]的禪宗理念，和造化自然的本體、本性。同時也由於水墨的顏色最豐

3　無念二句：指禪宗的宗旨。見《壇經・定慧品》。惠能說：「我此法門，從上以來，先立無念為宗，無相為體」，「無念」不是啥也不想，而是「於念而無念」，把世間的善惡、好丑、敵爭等等「並將為空，不思酬害」。「無相」，不是什麼都不看，而是「於相而離相」，看見了和不看見一樣。二句的意思即所謂的「雖有見聞知覺，不染萬境，而真性常自在」。

富，若「運墨而五色具」（張顏遠《歷代名畫記》，意即墨分五色，畫家若用水墨作畫，墨便可呈現它色彩的豐富性，從而便可充分表現自然萬象的千姿百態，和多樣的色彩）。所以王維才主張在山水畫中將一切色彩統統淡化，而只用水墨自身的變化，在「淡」的本來狀態中表現出自然造化的「濃」，創造一種可以超越時空的無窮的禪韻和意境。正如司空圖在其《詩品》中所說的「體素儲潔，淺者屢深」，這正是王維「淡」中求「濃」、「淺」中顯「深」，在單純中求繁複的水墨之道，也是他首創破墨山水畫的理論基礎。

王維的水墨山水畫論，在其時就有很大的影響。他所開創的水墨山水畫，在唐代代表了山水畫的另一種風格，他的主張、理念在其作品中應是有充分而具體之表現的。但是由於「右丞今已歿，遺畫世間稀」[4]，在唐代他的真跡就已經不多見，北宋御府藏其畫作（據《宣和畫譜》載有一百二十六幅）也都沒有留傳下來，而今人所能見到的《輞川圖》、《江山雪霽圖》或《雪溪圖》，也未必就是王維的真跡，所以我們只能從較為可靠的文獻中，看到人們對他的畫作、畫風的評價和描述。

例如朱景玄《唐朝名畫錄》評王維的畫：「筆蹤措思，參於造化」、「如山水準遠，雲峰石色，絕跡天機，非繪者之所及也」。是說王維的作品表現自然造化的本性（「參於造化」），具有「絕跡天機」（即無跡可求的玄機）的意境，不是一般畫家所能趕得上的。他的山水畫能集各家之妙，「體涉古今」[5]，既有接近李思訓青綠山水的筆

4　右丞二句：見唐張祐《題王右丞山水障子》。
5　體涉古今：見張彥遠《歷代名畫記》對王維的評介。意思是他的畫能採古今各家之長，集各家之妙。

墨婉麗，設色重深之作，又有「蹤似吳生（吳道子）而風致標格特出[6]」之圖。此外，還有最為後人稱道的「破墨山水」[7]，即通過單純墨色的變化而表達素樸、平淡的景物和心境的一種山水畫。因此董其昌等文人畫家，尊稱其為「南宗畫之祖」。

到了宋代，蘇東坡對王維的作品更是推崇備至，他說：「味摩詰之詩，詩中有畫；觀摩詰之畫，畫中有詩。」（《東坡題跋》卷四）蘇東坡的這個評價，幾乎成為對王維詩、畫的定評。其畫沒有流傳，其詩卻流傳下來，我們試舉幾例。

例如《山居秋暝》，描寫的空山新雨後的景致：「明月松間照，清泉石上流。竹喧歸浣女，蓮動下漁舟。」但卻又像是一幅鮮活的禪意很濃的山水畫。明月、清泉、浣女、漁舟，既有聲有色，又有靜有動。這是多麼的幽、美！然而若以「無念之念」[8]觀之，則靜景呈靜，連動景也靜了，確是達到了含禪意於不言之中的境界。

又如《終南山》。「太乙近天都，連山接海隅。」這是寫終南山（「太乙」）的高和遠，但這高和遠都不是肉眼的感受，而是一種超越的心境。「白雲回望合，青靄入看無」兩句則展現了一個移動的視點。意思說山上的白雲，看上去是一片，走進去卻是分開的，走過了

---

6 此句見朱景雲《唐朝名畫錄》對王維繪畫風格的評價。今人張法先生在其《中國美學史》中說：王維畫的線條，就是吸收李思訓的密體和吳道子的疏體而自成一家。不同於李思訓的精工雕刻，也不似吳道子的粗獷豪邁，而是與禪道相契合的秀潤、悠閒、靜逸。這正是說王維「風致標格特出」的意思。

7 破墨山水：水墨山水畫的一種技法。所謂的「破墨」，其做法是：或先在畫面上塗上濃墨，再用淡墨塗上去破它；或先塗上淡墨，然後再用濃墨去破它。目的是使墨的濃淡相互融合滲透，達到畫面墨色豐富、滋潤、鮮活的藝術效果。畫史記載，在唐代能作破墨山水的有二人，就是王維和張璪，但王維在先，故人稱其為破墨山水的創始者。

8 無念之念：禪語。與「於念而無念」同，意謂把世間的善惡、歟爭等等都不放在心上，即前邊提到的「並將為空，不思酬害」。

回頭再看，它又合攏成了一片。林中的青靄（霧氣）隔著距離時，看上去是有；走近了細看則無。這是他親身感受的一種自然的直觀，卻又是一種身歷其境的佛的啟迪：山上的白雲，什麼是它的本來狀態，是分還是合？林中的青靄，它的存在是有還是無？這都是詩中帶給人們的哲理之問，但同時又表現出一種雲氣飄忽的朦朧美的畫面。

看來，王維的詩歌和他的水墨山水一樣，處處都蘊含著禪意，也處處都在「肇自然之性，成造化之功」。但是我們也應該看到，王維所崇奉的禪宗，是一種中國化了的佛教。禪宗是中國唐代特定歷史條件下儒、釋、道三教合流的產物。所以王維水墨山水畫論的哲學基礎，除了稟丞佛家的「色即是空，空即是色」，以及禪宗的「無念為宗，無相為體」的理念之外，顯然還融合或包含了老子的「大音希聲，大象無形」（於色，當然是「大色無色」）的意蘊。特別是王維所提出的水墨畫「肇自然之性，成造化之功」的主張，與道家畫派（如南朝的謝赫、王微等）認為「氣」是藝術的本源和生命的說法，也是息息相通。這一點，是我們談到王維水墨畫論時不可不察的。

詩有三境
——中國美學史上最早的意境說

　　「意境」，是中國古典美學中的一個重要範疇。「意境說」，是在唐代詩歌創作高度繁榮並取得劃時代成就背景下產生的。可以說這是其時詩歌美學家們在對先前「象」、「意象」、「得意忘象」等概念和命題的進一步分析、研究後取得的歷史性成果。其要義主要表現在王昌齡（698-757）的《詩格》、皎然（中唐詩人）的《詩式》、司空圖（837-908）的《二十四詩品》，以及劉禹錫（772-842）的著作中。由於王昌齡[1]最早提出了「境」這一美學範疇，並對它作出了具體的劃分和精闢的闡釋，所以我們說其「詩有三境」之說，是隋唐時期，也是中國美學史上最早的意境說。比如在其《詩格》中他說：

　　「詩有三境：一曰物境。欲為山水詩，則張泉石雲峰之境，極麗絕秀者，神之於心[2]，處身於境，視境於心[3]，瑩然掌中[4]，然後用思，了然境象，故得形似。二曰情境。娛樂愁怨，皆張於意而處於

1　王昌齡（698-757），唐代詩人。字少伯，京兆長安（今陝西西安）人。開元進士。其詩擅長七絕，有「七絕聖手」之稱。多寫邊塞軍旅生活，氣勢雄渾，格調高昂。明人輯有《王昌齡集》。

2　神之於心：使心裏處到它的神妙。

3　視境於心：用形象思維在自己內心醞釀此境。

4　瑩然掌中：言下筆時已掌握得很清楚。

身[5]，然後馳思，深得其情。三曰意境。亦張之於意而思之於心，則得其真矣。」

王昌齡把「境」分作了三類：第一類「物境」，指自然山水的境界；第二類「情境」，指人生經歷的情感境界；第三類「意境」，指人內心意識的境界。雖然這裏所說的「意境」，對於藝術創作的主體來說，依然是一種「境」或「境象」，是一種審美客體，並不等同於我們現在所說的「意境」，但由於王昌齡提出了作為美學範疇的「境」，並在其具體的闡釋之中，突出地強調了「處身於境」（即置主體於客體的「境」中），「視境於心」（在內心醞釀此「境」）；同時，他又反覆說明這種「境」要「張之於意而處於身，然後馳思」，或「張之於意而思之於心」，才能「得其情」、「得其真」，實際上他已經把主體和客體、情和景、心與物統一起來，完成了意境說的基本架構。

所謂的「張之於意而處於身」，是說把「境」或「境象」陳列在意念之中，設身處地去體味；而「然後用思」或「思之於心」的「思」字，並不單指思考或構思，而是與劉勰《文心雕龍‧神思》篇中之「思」同義，都是指詩人的藝術靈感和藝術想像。所以說他對「意境」闡釋的要義是說：把「境」或「境象」陳列於意念中之後，還要有「境」對藝術靈感和藝術想像的觸發，才能獲得真正的藝術境界（「則得其真」）。用現在的話來說，所謂的「意境」，就是「文藝作品中所描繪的生活圖景，和表現的思想情感融合一致而形成的一種藝術境界」[6]。

5　皆張於意句：張：陳列。句意謂都陳列在意念中，設身處地去體味。
6　見《辭海》文學分冊「意境」。

儘管王昌齡在其《詩格》中，多次提到作為美學範疇的「境」或「境象」，如「處身於境，視境於心」、「了然境象，故得形似」、「心偶照境，率然而生」、「搜求於象，心入於境」等，但他卻沒有作出明確的界說和具體的解釋。那麼，究竟什麼是他所謂的「境」呢？皎然在《詩式》「取境」一節中說：「取境之時，須至難至險，始見奇句。」又云：詩「固當繹慮於險中，採奇於象外」。劉禹錫接受了皎然的觀點，在其《董氏武陵集記》中斷言，「境生於象外。」這才為王昌齡所說的「境」找到了一個明確的答案，即「境」產生於「象外」。可「象外」又是什麼呢？我們知道，「象外」這個詞語，由哲學範疇轉化為美學範疇，最早表現在繪畫理論方面。這就是六朝謝赫在《古畫品錄》中說的：「若拘以體物，則未見精粹；若取之象外，方厭膏腴，可謂微妙矣。」意思是說畫家作畫，不要拘限於具體的物象（「拘以體物」），而是要突破或超越這有限的物象，從有限進到無限（「取之象外」），這樣創作出來的畫才能體現宇宙的本體和生命的「道」，這才叫「氣韻生動」。作為詩歌理論的「象外」，則是後來司空圖在《與極浦書》中所說的「象外之象」，「景外之景」。意思是說所謂的「象外」就是「象外之象」，這樣的「象」是突破了有限形象的無限之「象」，是一種虛實結合的「象」。它的特點「如藍田日暖，良玉生煙，可望而不可置於眉睫之前」[7]。而這樣的「象」，也就是「境」。

　　「境」本為佛學用語，前代詩僧也有「極像外之談」[8]、「暢微

7　如藍田日暖二句：出自司空圖《與極浦書》。是司空圖引戴叔倫語。意思是說，詩人筆下的景物（「象」）就如藍田的美玉，被陽光照耀，而煙嵐繚繞。但是那繚繞的煙嵐只可遠望，而不可近觀。
8　僧肇：《般若無知論》，全梁文164卷。

言於象外」[9]的說法，而這裏所說的「象」，既源於《易傳》中「聖人立象以盡意」的「象」，又與《莊子》中象徵有形和無形、虛和實相結合的「象罔」相似、相通。故而詩僧皎然在其《詩式》談到文外之旨時說：「察而觀之，但見性情，不睹文字[10]，蓋詣道之極也。向使此道，尊之於儒，則冠六經之首；貴之於道，則居眾妙之門；精之於佛釋，則徹空王之奧[11]。」可見這樣的意境理論，與唐代儒、釋、道三教融合的歷史現狀，有著密不可分的思想淵源，也可以說是其時三教融合條件下的特殊產物。

至於這樣的「意境」如何產生，王昌齡在《詩格》中分析說：「詩有三格：一曰生思。久用精思，未契[12]意象，力疲智竭，放安神思，心偶照境，率然而生。二曰感思。尋味前言[13]，吟諷古制[14]，感而生思。三曰取思。搜求於象，心入於境，神會於物，因心而得。」

這段話是說，詩歌意境的創造有三種不同的情況或途徑。一是詩人經過很久的思考、構思，沒有能產生意象，身心都已疲竭，這時就應讓精神放鬆，等待偶然的機會，讓靈感和想像為「境」所觸發，意象便會自然湧現。這是一種「心」與「境」偶然的契合，叫做「生思」。二是多讀書，借助於前人作品中的意象引發詩人的靈感，從而創造出新的意象，這叫「感思」。三是詩人主動去找尋生活中的境

9　僧衞：《十住經合注序》，全晉文165卷。
10　但見二句：是說只見作品的情意感染力，不見文字的雕琢。也就是「得意忘言」，與司空圖說的「不著一字，盡得風流」之說相似。
11　向使此道數句：此道：指文外之旨。意味超越外部形式。皎然認為這不但是詩歌創作的最高境界，也是思想修養的最高境界。它對於儒、釋、道三教來說皆屬修養的極致。六經之首，指詩經。眾妙之門：見老子「玄之又玄，眾妙之門」。空王之奧：指佛理精義。
12　契：符合。
13　前言：泛指前人的作品。
14　吟諷古制：吟誦體味古人詩歌的風格。

象，心境相感，從而創造出美的意象，這是「取思」。

不難看出，王昌齡所講的第一和第三種情況，主要強調的是「心入於境」或「心偶照境」，是說意境的創造要依賴於審美觀照中主體的情意（「心」）與客體「境」的契合和融入。離開了這一點，藝術靈感的產生和意境的創造都是不可能的。這是唐代意境理論一個很重要的思想，也是司空圖在《與王駕評詩書》中所說的「思與境偕」命題的要義所在。而王昌齡所講的第二種情況：「尋味前言」、「感而生思」，其重點則是強調詩人學習、研讀前人作品的重要性和必要性。這一點更是不言自明的道理。

王昌齡的「詩有三境」之說，後來被皎然、劉禹錫、司空圖等人繼承和發展，一直到後來嚴羽的《滄浪詩話》、王國維的《人間詞話》都直接間接地受到它的影響，可見其意義的巨大和深遠。

戲為六絕句
——隋唐美學中第一個最具審美特徵的詩論

被後世譽為「詩聖」的偉大詩人杜甫[1]，雖不是專門的理論家或美學家，然而他的詩歌卻提出了非常民族化、最具審美特徵的詩歌理論。這就是他在肅宗上元二年（公元761年）寫作的《戲為六絕句》：

庾信文章老更成，凌雲健筆意縱橫[2]。今人嗤點流傳賦，不覺前賢畏後生[3]。

王楊盧駱當時體，輕薄為文哂未休[4]。爾曹身與名俱滅，不廢江

1　杜甫（712-770）：唐代大詩人。字子美，自稱少陵野老或杜陵野客。河南鞏縣人。開元後期舉進士不第，漫遊各地。後寓居長安近十年。及安祿山軍陷長安，乃逃至鳳翔，謁見肅宗，官左拾遺。後為華州司功參軍。不久棄官，居秦州同穀。又移家成都，築草堂於浣花溪上，故世稱杜甫草堂。一度在劍南節度使嚴武幕中任參謀，檢校工部員外郎。晚年攜家出蜀，病死在湘江途中。由於其許多詩作顯示了唐代由盛轉衰的歷史過程，因而被稱為「詩史」。在藝術形式上。以古體、律詩見長，風格多樣，語言精煉，形象生動，對後世影響很大，又被稱為「詩聖」。有《杜工部集》。

2　庾信文章二句：老更成：到了老年更加成熟。杜甫在《詠懷古跡》五首之一中說：「庾信生平最蕭瑟，暮年詩賦動江關。」其意都是說庾信後期文風轉變很大，更加成熟。達到了筆力雄健縱橫開闔的境界。

3　今人嗤點二句：嗤點：譏笑。前賢：指庾信。賦：即首句所說「文章」。「文章」是兼詩、賦而言的。畏後生：即後生可畏。但這裏是諷刺的話。句意是說後生們取其流傳之賦（詩）來譏笑。如果庾信還活著的話，恐怕真的會感到後生可畏了。

4　王楊盧駱二句：王楊盧駱：指初唐四傑：王勃、楊炯、盧照鄰、駱賓王。句意是說，四傑的詩文雖然沒有完全擺脫六朝藻繪餘習，但那是當時的文體（正如郭紹虞先生戲為六絕句「集解」：「當時文體如是，非四子之病也」），可是那些「爾曹」之輩卻譏笑他們的文體輕薄。

河萬古流[5]。

　　縱使盧王操翰墨，劣於漢魏近風騷[6]。龍文虎脊皆君馭，歷塊過都見爾曹[7]。

　　才力應難跨數公[8]，凡今誰是出群雄？或看翡翠蘭苕上，未制鯨魚碧海中[9]。

　　不薄今人愛古人，清詞麗句必為鄰[10]。竊攀屈宋宜方駕，恐與齊梁作後塵[11]。

　　未及前賢更勿疑，遞相祖述[12]復先誰？別裁偽體親風雅，轉益多師是汝師[13]。

　　總體上看，這組絕句大致分為兩大部分。前三首是對庾信和初唐四傑所作的評論。首先，通過對庾信晚年文章的肯定和讚譽，指出評論一個作家，應當觀其全人，不可只取其某一時期某一部分作品加以

5　爾曹二句：爾曹：不客氣的稱呼，猶言「爾等」，上句指譏笑四傑的那些人。下句指四傑。句意是說待到你們這些人在世上都消失了，四傑的文章不廢，仍然如江河那樣萬古長流。

6　縱使二句：盧、王：簡言四傑。縱使：是杜甫的話，以下句均「爾曹」譏笑四傑之言。意思是說即使像你們譏笑的那樣，四傑的文章，不如漢魏那樣接近風騷的文風。

7　龍文虎脊二句：龍文虎脊：比喻華美奇麗的詞采。歷塊過都：指經過田野、城市。過城市，是說長距離的奔馳。見爾曹：意謂相形之下就可看出你們的高低了。句意謂四傑能夠駕馭瑰瑋的文詞，他們的文章經得起時間考驗，非爾等可望塵追及。

8　數公：指庾信和初唐四傑。

9　翡翠蘭苕：形容詞采鮮妍、華美。語本郭璞《遊仙詩》：「翡翠戲蘭苕，容色更相鮮。」鯨魚碧海：指筆力雄健。

10　不薄二句：是說杜甫自己的詩論並無古今成見。只要是清詞麗句都可引以為鄰（意謂並不排斥「清詞麗句」）。「不薄」與「愛」可以互文。意即不薄今人也不薄古人，愛古人也愛今人。

11　竊攀屈宋二句：屈宋：屈原和宋玉。方駕：並車而行。這是對輕薄文士說的。意思是說：你們這些人，要想追上屈原宋玉與之並駕齊驅，應當具有他們那樣的精神和才力，否則僅僅追求於辭藻形式之美，就不免要落齊梁文人的後塵，連他們都不如了。

12　遞相祖述：意謂模擬因襲成風。

13　別裁偽體二句：偽體：指模擬因襲沒有生命力的詩文。別裁偽體：意去偽存真。轉益多師是汝師：即無所不師，而又無定師。這兩句是說作者應該別裁偽體，轉益多師，這樣才能在最後歸於風、雅。

「嗤點」、「諷哂」，妄下結論。其次，通過對「王楊盧駱當時體」的確認，肯定他們的文章像江河萬古長流，說明評價作家，不能脫離時代的歷史條件，要「知人論世」。即使四傑的詩文尚未完全擺脫六朝藻繪餘習（「縱使盧王操翰墨，劣於漢魏近風騷」），但他們能夠駕馭「龍文虎脊」似的瑰瑋文辭，其作品還是經得起時間考驗的。

　　後三首是理論批評，揭示的是作者論詩的宗旨。

　　一、先是從「才力」問題著眼，杜甫認為當時的詩人在「才力」上都很難超越「數公」（指庾信和王楊盧駱），很難以其文章稱雄於當代。雖然有的「翡翠蘭苕」（指華麗鮮妍的辭藻）看起來很美，但風格畢竟柔弱淺薄，未能掣鯨魚於碧海之中（即難以成就庾信和四傑那樣筆力雄健的作品）。

　　二、針對其時一些淺薄的「爾曹」之輩，對陳子昂等的「復古」主張片面理解，並進而全盤否定六朝文學（包括對庾信等人的嗤點）的行為；同時針對另一些人仍然抱持「拘限聲病，喜尚形似，且以流易為詞，不知喪於風雅」（見元結《篋士集序》）的觀點，杜甫明確提出「不薄今人愛古人，清詞麗句必為鄰」的主張。是說對「今」對「古」，皆應「愛」而不「薄」，「凌雲健筆」與「清詞麗句」均可兼收並蓄，不可一概排斥。如果誰要想「竊攀」並與屈原、宋玉齊名，那就要具有同他們並駕齊驅的精神和才力，不然連齊梁文人都趕不上，恐怕就要作其「後塵」了。

　　三、要成為一個真正的「親風雅」的詩人，杜甫認為他應該「轉益多師」，而且要「別裁偽體」。「轉益多師」，是說要無所不師，而

無有定師。無所不師，即要學各家之長；無有定師，則是說不受一家之限制，既可繼承借鑒他人之長，又不影響自己的發揮和創造。所謂的「別裁偽體」，是指要善於辨別真偽，去偽存真。「偽體」是什麼？「偽體」就是那些模擬因襲，沒有生命力的東西，所以要區別，要裁去。而且只有在「別裁偽體」之後，才能確定師誰？師什麼？才能知道怎樣去「轉益多師」。同時它也是杜甫反對「遞相祖述」，模擬因襲，提倡獨創精神的一個前提條件。

我們也不能不說到這組絕句詩化的、形象化的審美特徵。其一，標題「戲為六絕句」中的「戲」，就有遊戲的含義，而遊戲是沒有功利之求的。正如康德在《判斷力批判》中說的那樣：「審美活動是不受欲念或利害計較之強迫的，因而它與人的遊戲概念密切相關。」這就是說遊戲是屬於審美活動的範疇。雖然大家一看都知道，「戲為」是杜甫對自己作品的一種謙稱，其實它們並非遊戲之作。但冠之以「戲為」二字，顯然就與散文的邏輯說理大異其趣。其二，從體式上來看，採用詩歌的形式，既具有「整齊一律」的形式之美，又具有節奏變化的韻律之美。其三，「六絕句」中有很多形象化的比喻和典故非常精彩、優美。如「凌雲健筆」，「清詞麗句」；「翡翠蘭苕上」，「鯨魚碧海中」；「王楊盧駱當時體」，「不廢江河萬古流」等。這些詞句，形象生動，言簡意賅，含蓄優美，且音調鏗鏘，朗朗上口。較之於「以文論詩」的傳統散文筆法，更具有鮮明的民族風格和民族特色，更符合文藝批評的審美特徵，因而更容易為廣大讀者所喜聞樂見。

杜甫的《戲為六絕句》開闢了一個詩化批評的新途徑，提供了絕句論詩的新樣式。事實上，從它問世之後，倣仿其以詩論詩者越來越

多。清代宗廷輔編《古今論詩絕句》，就集中了包括金代元好問《論詩絕句》在內的，杜甫以下論詩絕句十二家。今人羊春秋先生編《歷代論詩絕句選》，更是選輯了杜甫以下論詩絕句多達五十六家。郭紹虞先生還專門為杜甫的《戲為六絕句》作過「集解」，為元好問的論詩三十首作過「小箋」。

而杜甫的這六首絕句，其實是他詩歌創作實踐經驗的總結，是他詩論的綱領。其中涉及唐詩發展中許多重大理論問題，尤以「轉益多師」、「別裁偽體」和「不薄今人愛古人，清詞麗句必為鄰」之說，最能體現杜甫詩論的寬容、豁達和他的集大成特點。元稹在《唐故工部員外郎杜君墓繫銘序》中高度評價杜甫的詩歌成就：「至於子美，蓋所謂上薄風騷，下該沈宋，古傍蘇李，氣奪曹劉，掩顏謝之孤高，雜徐庾之流麗，盡得古今之體勢，而兼人人之所獨專矣。」[14]這是多麼全面的讚譽和肯定！

14 這裏所提到的「沈宋」：指唐代詩人沈佺期和宋之問。「蘇李」：指西漢詩人，將軍蘇武和李陵。「曹劉」：指魏晉時的詩人、政治家曹操和劉琨。「顏謝」：指南朝宋詩人顏延之和謝靈運。「徐庾」：指南朝陳文學家徐陵和北周文學家庾信。所謂「盡得古今之體勢，而兼人人之獨專」，均言杜甫轉益多師，博採眾家之長，終成唐詩集大成者。

不平則鳴
——隋唐美學中極具現實性、挑戰性的創作觀

　　韓愈[1]在領導和推動「古文運動」[2]的過程中，曾提出過一個影響很大而且極具現實性、挑戰性的文學主張。這就是他在《送孟東野序》一文中所說的「大凡物不得其平則鳴」。什麼道理呢？他說：

　　「大凡物不得其平則鳴。草木之無聲，風撓[3]之鳴。水之無聲，風蕩之鳴，其躍也或激[4]之，其趨[5]也或梗[6]之，其沸也或炙之。金石之無聲，或擊之鳴。人之於言也亦然，有不得已者而後言。其歌也有思，其哭也有懷。凡出乎口而為聲者，其皆有弗平者乎！」

1　韓愈（768-824）：唐代文學家、哲學家。字退之，自謂郡望昌黎，世稱韓昌黎。貞元年間中進士。曾任國子博士、刑部侍郎等職。因諫阻憲宗迎佛骨，貶為潮州刺史。後官至吏部侍郎。政治上反對藩鎮割據，思想上尊儒排佛。力反六朝以來駢偶之風，提倡散體，與柳宗元同為古文運動的宣導者。其散文在繼承先秦兩漢古文的基礎上加以創新、發展，氣勢雄健，蘇軾譽為「文起八代之衰」，舊時列為「唐宋八大家」之首。有《韓昌黎集》。

2　古文運動：提倡古文、反對駢文為特點的文體改革運動。因同時涉及文學的思想內容，所以兼有思想運動和社會運動的性質。「古文」這一概念由韓愈最先提出。他把六朝以來講求聲律及辭藻、排偶的駢文視為俗下文字，認為自己的散文繼承了先秦兩漢文章的傳統，所以稱「古文」。韓愈提倡古文，目的在於恢復古代的儒學道統，將改革文風與復興儒學變為相輔相成的運動。從貞元到元和近三十年間，古文逐漸壓倒駢文，成了文壇上的時風。古文運動延及北宋。除唐代的韓愈、柳宗元外，宋代的歐陽修、王安石、曾鞏、蘇洵、蘇軾、蘇轍等人也是其中的代表性人物。（參見百度百科）

3　撓：攪動、搖動。

4　激：水勢受阻而飛濺。說文曰：「激，水礙疾波也。」

5　趨：快步走。這裏指水的奔流。

6　梗：塞也，堵塞。

很明顯，這裏的「物」，既包含有自然的物，也包含社會的人；「平」有平靜、安舒之義，又有公平、平允之涵。他說：草木沒有聲音，風搖動它們才發出鳴響。水本無聲，風振盪它才發出聲音，騰湧是因為受到阻礙，奔流是因為受到攔堵，沸騰是因為火在燒。鐘磬等樂器本來沒有聲音，有了人的敲擊才發出響聲。他進而引申說：人之對於言論也是這樣。在迫不得已的時候，就要講話，要把自己的想法情感表達出來。他們歌詠是有了思念之情，他們哭泣是有了傷懷之感。所有從人嘴裏發出來而變為聲音的，大概都有其不平的緣故。

不難發現，所謂的「不平則鳴」，其主旨是說作家的創作，發而為言辭、為文章，都是因為心中鬱結著不平之事、之感，不得已才發出來。應該說，「不平則鳴」，不但揭示了文學創作的一個規律，而且還肯定了文學作品應有的社會批判功能，是一種極具現實性、戰鬥性的創作觀和審美觀。

誠然，韓愈的「不平則鳴」論，是在繼承司馬遷「發憤著書」說的基礎上提出來的文學主張。但其內涵較之司馬遷之說更為豐富更加深刻。在同一篇文章中，他又說：

「其在唐虞，咎陶[7]、禹，其善鳴者也，而假以鳴。夔[8]弗能以文辭鳴，又自假於《韶》以鳴。夏之時，五子以其歌鳴。伊尹[9]鳴殷，周公鳴周。凡載於《詩》《書》六義，皆鳴之善者也。周之衰，孔子之徒鳴之……唐之有天下，陳子昂……皆以其所能鳴。」

7　咎陶：亦作「臯陶」，傳說是虞舜時的獄官，曾制定法律。
8　夔：傳說是唐虞時的樂官。《韶》是其時的樂曲。
9　伊尹：名摯。商初賢相，曾輔助商湯滅夏建國。

這清楚地表明，所謂「不平則鳴」之「鳴」，對一個作家來說，不僅是指表達其個人心中的不平之思、之感，而且是指要像「伊尹鳴殷」、「周公鳴周」、「孔子之徒」那樣，「鳴」出時代的聲音，要像《詩經》、《書經》的作者那樣，是善於傳播時代聲音的傑出人物。在如何「鳴」的問題上，韓愈也明確指出，作家既可以如樂官「夔」和太康的五個弟弟那樣，用樂和歌來表達情感和意見，也可以如陳子昂等那樣，以其各自的特長（「能」）來表達傳播他們的聲音。從韓愈以歷代傑出人物為善鳴者可以看出，要求文學敢於干預現實，揭露社會矛盾，充分發揮對現實社會的批判功能是韓愈強調的重點。

　　當然，合理不合理，或平與不平，在韓愈那裏，是有標準的。這個標準，就是他在《原道》中，力排佛、老，主張「明先王之道以道之」的儒家的仁義之道。也就是他所說的：「凡吾所謂道德云者，合仁義之言也，天下之公言也。」

　　但是也應該看到，韓愈的思想是複雜的、矛盾的。雖然他一生都在宣揚、維護儒家「道統」，可是他這一過程中又不自覺地破壞著這個「道統」。在《讀墨子》中他說：「孔子必用墨子，墨子必用孔子，不相用，不足為孔墨。」在《送孟東野序》中，他一方面他把伊尹、周公、孔子、孟軻等儒家「道統」內的人物看作是時代的善鳴者；另一方面又承認楊朱、墨翟、老聃、韓非這些「道統」以外的人物同樣善鳴。可見，文章並不單單是載道的工具，「鳴不平」有時甚至超越了單純的載道。韓愈散文成就之所以很高，大多是由於他寫出了自己人生的坎坷不平，和對黑暗現實的揭露批判，如《師說》、《原毀》、《雜說四》，以及《送李愿歸盤谷序》等，而非那些板著面孔的道德

說教文章。

　　至於如何才能成為「善鳴者」，韓愈告誡說：「將蘄[1]至於古之立言者，則無望其速成，無誘於勢利，養其根而俟其實，加其膏[2]而希其光。根之茂者其實遂[3]，膏之沃者其光曄[4]，仁義之人，其言藹[5]如也。」（《答李翊書》）意思是強調要想成為一個善鳴者（即「古之立言者」），就要經過長期的艱苦努力，甚至要付出一定的犧牲。不要受到勢利的誘惑（「勢利」：指其時科舉取士所用之駢文。古文與此相背，會遭到士大夫的譏笑和攻擊）。要「養其根」、「加其膏」，即修養道德。只有根莖茂盛，才能果實累累；油膏充盈，燈光才能更加明亮。有了仁義修養的人，其言辭（文章）就必然充實、和順，具有動人的光彩！這是韓愈散文的成功經驗，同時也是包含他經歷許多辛酸在內的肺腑之言，的確值得我們重視並認真探究。

　　在具體寫作上，韓愈要求「惟古於詞必已出」（《南陽樊紹述墓誌銘》），「惟陳言之務去」（《答李翊書》），即是說在語言和內容上都要有自己的獨創性。此處不做詳述。

　　總之，韓愈的「不平則鳴」之說，是隋唐美學中最具批判性的創作論和審美觀，不僅得到了其時李翊、皇甫湜、柳宗元等的支持、贊同和發揮，而且一直影響到晚清桐城派的方苞、姚鼐等人，可見其生命力、號召力的巨大和強勁。

1　蘄：同祈，期求。
2　膏：油。
3　遂：成，指果實順利成熟。
4　沃：肥美。指點燈的油多而且好。曄：光亮。
5　藹：和順，盛多貌。這裏指仁義之人的文章充實美好。

文章合為時而著，歌詩合為事而作
——唐代詩歌美學中最具人民性的現實主義詩論

　　白居易[6]是唐代的大詩人，新樂府運動的宣導者。他一生寫過很多論「樂」的詩、文，也提出過著名的「以真為師」的畫論，然而最有影響最有生命力的，卻是他在《與元九書》中提出的「文章合為時而著，歌詩合為事而作」[7]的主張。他說：

　　「家貧多故，二十七方從鄉賦[8]。既第之後，雖專於科試，亦不廢詩[9]。及授校郎時，已盈三四百首。或出示交友如足下輩，見皆謂之工，其實未窺作者之域耳。自登朝[10]來，年齒漸長，閱事漸多，每與人言，多詢時務，每讀書史，多求理道[11]，始知文章合為時而著，歌詩合為事而作。」

6　白居易（772-846）：唐代詩人。字樂天，晚年號香山居士。原籍山西太原，後遷下邽（今陝西渭南縣）。貞元進士。先任左拾遺、左善贊大夫，後被貶為江州司馬。後來又任杭州刺史、蘇州刺史、刑部尚書等職。早期諷喻詩揭露時政黑暗，反映人民痛苦。長篇敘事詩《長恨歌》、《琵琶行》也很有名。今存《白氏長慶集》。
7　文章合為時二句：合：應該。時：時代、時勢。事：事情、事物。二句意謂，文章應該為反映時代的現實而著述，詩歌應該為反映現實的時事而創作。
8　鄉賦：地方選拔人才的考試。白居易於公元779年在宣城參加鄉試，時年二十七歲。
9　亦不廢詩：廢：停止。也沒有停止過作詩。
10　登朝：在朝廷做官。
11　求理道：探求治理國家的道理。

這是說，他先前家庭貧困又多事故，鄉試及第後，雖然專於分科考試，也沒有停止作詩。到了擔任校書郎時，詩歌已經寫了三四百首。有的拿出來給朋友們看，都說寫得很工巧。可是自己卻認為還沒有達到詩歌作者的水準。只是自到朝廷做官以來，年紀漸長，閱歷的事情漸多，每逢與人交談，多詢問時政，每逢閱讀書史，好探究其中的道理。這才知道，文章應該為時事而著述，詩歌應該為反映現實而創作。

由此可見，他的這一主張的提出絕不是偶然的，是他從小學詩，到在朝為官，經過多年的創作實踐和「詢時務」、「求理道」的探索，才獲得的一種生活真諦和審美體驗。同時也是他繼承發揮《詩經》以來的現實主義傳統並作出的理論上的概括。

當然，所謂的「為時」、「為事」而著作之論，其鋒芒所向，原本就是對六朝以來脫離現實、綺靡頹廢的「率不過嘲風雪，弄花草而已」的形式主義文風的批判和否定，是他「常痛詩道崩壞」，而「欲扶起之」（《與元九書》）所作出的一種努力。

再者，殘酷的社會現實逼迫以「兼濟天下」為使命的詩人（在《與元九書》裏白居易說得很清楚：「古人云：『窮則獨善其身，達則兼濟天下。』僕雖不肖，常師此語。」）提出這樣的主張。白居易生活的中唐時期，正處在「安史之亂」之後，唐王朝國勢日下，社會矛盾日益尖銳，人民負擔極其繁重，生活困苦不堪。白居易的青年時代就是在顛沛流離中度過的，十一歲時，就離家避難，常常是「『衣食不足，凍餒並至』，以至『常索米丐衣於鄰郡邑』。」白居易的親

身經歷，耳聞目睹，都使他更加接近人民、瞭解人民、同情人民。這才在《寄唐生》中發出了「惟歌生民病，願得天子知」的呼籲；在《傷唐衢》中也發出了「但傷民病痛，不識時忌諱」的喊。

「文章合為時而著，歌詩合為事而作」的主張，從文學和現實的關係上看，其核心是要求詩人關注時代，關注現實，並肩負起「補察時政」、「泄導人情」的使命，而不是純粹地「為文而作」。所以，他特別重視諷喻詩的社會功能，主張「經之以六義」，充分發揚《詩經》的美刺傳統。如《與元九書》中說：「聖人知其然，因其言，經之以六義[12]。」是說「聖人」知道詩歌的本質特徵是以情感人（即「感人心者，莫先乎情」），故詩歌創作就要以「六義」為經線貫穿其中。在《讀張籍古樂府》中說：「為詩意如何，六義互鋪陳。風雅比興外，未嘗著空文。」是說圍繞著「六義」來鋪陳、構思，充分利用比興手法，去發揮詩歌諷喻現實、干預現實的作用。這樣才能「救濟人病」、「裨補時闕」才能收到「上下交和，內外胥悅」的社會效果。在《新樂府序》中他又進一步強調指出，所謂的反映現實的詩歌創作，「總而言之」是要「為君、為臣、為民、為物、為事而作，不為文而作」。為新樂府運動提出方向，是白居易對唐詩發展的一大貢獻。

應當特別指出的是，白居易對詩歌諷喻功能的強調和重視，不僅表現在他把諷喻詩列於其所劃分的四類詩歌（諷喻、閑適、感傷、雜律）之首，也不僅表現在上述「風雅比興外，未嘗著空文」的說法之

---

12 經之以六義：即以六義為經。經：織布的經線。含貫穿、統率之義。六義：指《詩經》的風、雅、頌、賦、比、興。前三項是體裁，後三項是表現方法。

中，更重要且令人驚訝的是他在《讀張籍古樂府》中提出所謂的詩歌「可諷放佚君，可誨貪暴臣，可感悍婦仁，可勸薄夫淳」的詩歌觀，明顯地突破和修正了儒家傳統的「溫柔敦厚」、「怨而不怒」的詩歌理念。

白居易不僅在理論上提出了「為時而著」、「為事而作」的原則，而且在實踐上他也大量寫作了許許多多「為民」代言、「為民」請命、「為民」呼籲的詩歌作品。例如《觀刈麥》中的勞動農民，由於「家田輸稅盡」不得不以揀麥穗來充饑；《埰地黃者》的農民沒有「口食」，而地主的馬卻有「殘粟」（餘糧）；《重賦》中人民對其時的「兩稅法」的控訴是：「奪我身上暖，賣爾眼前恩」；《賣炭翁》中賣炭老人遭到的「宮市」之苦：「一車炭，千餘斤，宮使驅將惜不得」；《紅線毯》中，他對其時的弊政之一的「進奉」提出了強烈的批判，責問道：「宣州太守知不知，一丈毯，千兩絲。地不知寒人要暖，少奪人衣作地衣。」

白居易「文章合為時而著，歌詩合為事而作」的主張，及其示範性的詩作，得到了其時志同道合的詩人元稹、張籍、王健的認同、讚譽和合作，他們共同掀起了一個現實主義的詩歌運動——新樂府運動。新樂府運動的精神，還被晚唐的皮日休，宋代的王禹偁、梅堯臣、陸游諸人，以至晚清的黃遵憲等人所繼承，可見其影響是非常深遠的。特別值得指出的是，由於白居易的詩歌在藝術上具有主題專一、對比鮮明、形象生動、語言平易自然，「老嫗能解」，因而他從長安到江西三四千里的行程之中，竟然發現「凡鄉校、佛寺、逆旅、行舟之中，往往有題僕詩者，士庶、僧徒、孀婦、處女之口，每每有

詠僕詩者」（《與元九書》）的盛況。可見其作品影響之大、流傳之廣，在中國文學史中，這恐怕也是十分罕見的景況！

　　當然，把詩歌的諷喻功能，作為革新時政、干預現實的一種手段或途徑，強調文學的社會作用，這是正確的，也是積極的。但把它作為審美標準來衡量複雜的文學歷史現象，來批評詩人及其作品，難免顯得偏激且近乎狹隘。例如白居易評屈原：「諷君子小人，則引香草惡鳥為比，雖義類不具，猶得風人之義什二三焉[13]」；評陶淵明：「以淵明之高古，偏放於田園，……於時，六義浸微矣、陵夷[14]矣」；評李白則說：「李之作才矣奇矣，索其風雅比興，十無一焉」等，都是如此。這又是不可取的。

---

13 雖義類不具二句：義：指《詩經》的六義。具：完備。風人：指《詩經》的作者。句意是說雖然六義不完備，還能得到國風傳統的十分之二三。
14 陵夷：陵：丘陵。夷：平。如丘陵之漸平，即衰落。

「韻外之致」、「味外之旨」
——隋唐美學中概括的、極具總結性的韻味說

　　「味」作為一個美學範疇，從老子開始，到王弼，再到劉勰、鍾嶸，歷代均有發展（參見第六十一篇）。司空圖[1]在繼承劉勰、鍾嶸等人論說的基礎上，作出了新的具有總結性的概括和發揮。這便是所謂的「韻外之致」、「味外之旨」。如在《與李生論詩書》中，他說：

　　「文之難，而詩之難尤難。古今之喻多矣，而愚以為辨於味，而後可以言詩也。江嶺之南，凡足資於適口者，若醯，非不酸也，止於酸而已：若鹺，非不鹹也，止於鹹而已。華之人以充饑而遽輟者，知其鹹酸之外，醇美者有所乏耳……噫！近而不浮，遠而不盡，然後可以言韻外之致耳。」

　　什麼意思？一、所謂的「辨於味」，是說能品評、辨別詩歌的韻味和意境。這裏他打了一個很好的比方，說用醋和鹽做食物的調味品，「江嶺之南」的人，只知道「止於鹹而已」、「止於酸而已」。而中原人用醋和鹽做食物的調味品，用上一點就停下了，因為他們知道

---

1 司空圖（837-908）：晚唐詩人、詩論家。字表聖，河中虞鄉（今山西永濟）人。咸通進士，為殿中侍御史，遷禮部員外郎。黃巢起義後，他徘徊於出仕與歸隱之間。一度在僖宗朝任中書舍人。晚年隱居中條山王官穀，自號知非子、耐辱居士。朱溫篡唐後，抑鬱而終。有《司空表聖文集》及《詩集》傳世。

鹽、醋除了鹹、酸之外還有醇美食物所缺乏的味道的功效。在司空圖看來，詩的韻味，不止於它本身固有的情致，而是在於「鹹酸之外」，在於「醇美」。懂得了這個道理，然後才可以談詩。所以說「辨於味」是談詩的前提或必要條件。二、所謂的「鹹酸之外」的「醇美」，即單一的鹹、酸味道之外的多樣的淳厚之美。這也就是文中所說的「韻外之致」。而「韻外之致」則要求詩人要做到「近而不浮，遠而不盡」，是說詩的形象要具體生動，近在眼前而不浮淺，詩的意境要含蓄深遠，餘味無窮。這樣才可以談到詩的語言韻律之外所表現的情致。所以說「近而不浮，遠而不盡」，又是「韻外之致」的前提或必要條件。

為了把問題的重要性說得更明白，司空圖在《與李生論詩書》結尾處強調指出：「今足下之詩，時輩固有難色（很難與之相比了），倘復以全美為工，即知味外之旨矣。」也就是說，精美的詩文包蘊著無盡的韻味，倘若你能在這樣美的多樣性上多下工夫，就可以懂得「味外之旨」，亦即上文所說的「味」在「鹹酸之外」的真諦了。

從以上簡單的分析不難發現，司空圖一再談到的「韻外之致」、「鹹酸之外」和「味外之旨」，其實都是一個意思，都是要求詩人在「全美」方面下工夫，做到「近而不浮，遠而不盡」，這樣才有詩的韻味，才能達到「詣極」的境界。

我們以為，這便是司空圖韻味說的要義所在。我們從其二十四詩品中，隨處都可找到形象化的詮釋和印證。

例如《雄渾》篇講：「超以象外，得其環中。」「超以象外」是

說詩歌創作不能拘泥於具體、孤立的物象，而是要超越、突破這單一的形象，以求得象外之象。而「象外之象」也就是「韻外之致」、「味外之旨」。「環」是門的上下兩橫檻承載門樞用來旋轉的空間。樞入了環中，就可以旋轉自如。所謂「得其環中」是用來比喻超以象外之後，就如樞入環中那樣，詩人便可旋轉自如地把握詩的藝術規律，從而便可創造美的意境。

又如《含蓄》篇說：「不著一字，盡得風流。」這是對「近而不浮，遠而不盡」思想的發揮。「不著一字」並不是不要文字，而是說使人感覺不到文字，讀者一讀，便立即進入了詩歌所描寫的意境，從而才能有所謂的「盡得風流」，即令人聯想到詩人文字表現的意象以外的「全美」圖景。

要如何取得「韻外之致」、「味外之旨」，司空圖認為應該「直致所得，以格自奇」。是說詩人應當保持文學創作的自然本色，不做作，不雕飾，只要真實自然，自自然然地寫出來，那他獨特的風格也就自在其中了。在《詩品》的《自然》篇這一點講得更清楚：「俯拾即是，不取諸鄰，俱道適往，著手成春。如逢花開，如瞻歲新，真予不奪，強得易貧。」是說詩人對於很多事物，不用典故，不追求工律，不矯揉造作，不把話說盡，這才有令人尋味的餘地。反之，如果苦心一意地去追求「效果」，那就是「強得」，是「奪」，就會失去真實自然。詩的韻味，也就容易貧乏了。而要「直致」，要形成自己獨有的風格，當然還須首先要「俱道適往」，即從思想道德修養上下工夫。因為只有思想修養有了高尚的境界，寫出來的詩歌，才能像花開、歲新那樣，順應物性時序的自然規律，才能有其本身的自然之

美、意境之美。

　　總之，司空圖的韻味說——「韻外之致」、「味外之旨」，是他詩歌美學思想的核心，也是理解整個《二十四詩品》的一把鑰匙。其上承老、莊、劉勰、鍾嶸等人有關的「味論」，下啟嚴羽、蘇軾、王士禎等的「別趣」、「傳神」、「神韻」諸說，是中國詩歌美學發展過程中的一個轉捩點、里程碑。近代王國維在其《人間詞話》中，也極力主張詩（詞）要「自然」、「不隔」，詩要有「言外之味，弦外之響」等。甚至後來在音樂領域、繪畫領域裏興起的寫意派的主張，也與司空圖的美學思想有著直接的關係。可見韻味說是一份非常值得珍視和研究的藝術理論遺產。

「象外之象」與「思與境偕」
——唐代美學中最具概括性的關於詩歌意境的創作論和審美觀

　　王昌齡在《詩格》中提出了「境」這一美學範疇，在很大程度上標誌著意境說的誕生。但是他在講了「心偶照境」、「以境照之」、「心入於境」之後，卻沒有對「境」的內涵作出明確的闡釋，其豐富的意蘊也沒有得到具體的闡述。後來皎然也多次講到「境」或「境象」，如《詩議》中說的：「夫境象非一，虛實難明」；《詩式》中「取境」一節說的：「取境之時，須至難至險，始見奇句，成篇之後，觀其氣貌，有似等閒，不思而得，此高手也。」但皎然也沒有講清楚「境」到底是什麼。皎然之後，劉禹錫在《董氏武陵集記》裏說：「境生於象外。」這算是對「境」有了個確切的規定。可是「象外」又是什麼呢？劉禹錫也沒有說。這個問題一直到了司空圖這裏，才有了個確切而概括的答案，這就是他所講的「象外之象」與「思與境偕」。

　　什麼是「象外之象」？司空圖在《與極浦書》中說：「戴容州[1]云：『詩家之景，如藍田日暖，良玉生煙，可望而不可置於眉睫之

1　戴容州：指中唐詩人戴叔倫（732-789），字幼公，潤州金壇（今江蘇金壇市）人。曾任容州管內經略使，故人稱戴容州。

前也。』象外之象，景外之景，豈容易可談哉？」

意思是說，戴叔倫說過：詩人筆下的景物，就如同藍田的美玉，被陽光照耀，而煙嵐繚繞，但是，那繚繞的煙嵐只可遠望，不可近觀。象外之象，景外之景，難道是可以輕易談說做到的嗎？

這裏作者首先指出，所謂的「象外之象」（即劉禹錫所謂的「境」），是對有限孤立的具體物象的超越。它具有虛實結合的特點，就如「藍田日暖，良玉生煙」那樣，雖然它「不可置於眉睫之前」，卻可讓人從有限進到無限，看到許多形外之象，聽到許多弦外之音。象外之像是一種意蘊非常豐富多樣的藝術形象。

其次，為了說明「象外之象」所具有的審美特點。司空圖還以自己的作品為例說：「愚近有《虞鄉縣樓》及《柏梯》二篇，誠非平生所得者，然『官路好禽聲，軒車駐晚程』，即虞鄉入境，可見也。又『南樓山色秀，北路邑偏清』，假令作者復生，亦當以著題[2]見許[3]。其《柏梯》之作，大抵亦然。」

這是說，他自己最近寫了兩首詩，實在不是平生得意之作。然而「官路好禽聲，軒車駐晚程」兩句，卻入了「境」，顯現了虞鄉景物的象外之象。「南樓山色秀，北路邑偏清」這兩句呢，假如讓從前著名的作者復生，能夠看到的話，他們也會稱許是切題的。

這是司空圖對「象外之象」的具體和形象的闡釋。

2　著題：猶謂切題，與題意切合之意。
3　見許：即見稱，得到稱讚。

「象外」一詞，最早見於謝赫《古畫品錄》：「若拘以體物，則未見精粹；若取之象外，方厭膏腴，可謂微妙也。」

謝赫這裏是將哲學意義上的「象」，引用到繪畫領域。是說畫家作畫，不要拘泥於有限的、孤立的物象，而應突破這有限的「象」，從有限進到無限，這樣創作出來的繪畫作品，才能達到微妙的境地，才更形象，才叫氣韻生動。司空圖之所以把「象外」一詞引入詩歌創作，卻是基於他對詩歌意境美學本質的理解和追求。他是崇尚老子哲學的。在《自戒》中他曾明確表達自己的觀點，說他是「取訓於老氏，大辯欲納言」。而老子哲學的中心範疇是「道」，「道」就是宇宙的本體和生命。所以他認為詩的意境，儘管有很多的類型，如《二十四詩品》所闡述的那樣。但它們卻只有一個中心思想，那就是詩的意境必須體現宇宙的本體和生命，也就是要表現老子所謂的「道」或者是「象」。對此，司空圖在《二十四詩品》中談得更多，也更為深入。

例如《雄渾》中的「真體內充」，「返虛入渾」；《形容》中的「俱似大道，妙契同塵」，《含蓄》中的「是有真宰，與之沉浮」，《委曲》中的「道不自器，與之圓方」，以及《豪放》中的「由道返氣」，《精神》中的「妙造自然」，《洗練》中的「乘月返真」，《勁健》裏的「飲真茹強」，《實境》中的「遇之自天，泠然希音」等等。這些話，都是說意境必須表現「道」，表現宇宙的本體和生命。所謂的「真」、「虛」、「渾」、「真宰」、「自然」、「希音」等概念都是那個作為宇宙的本體和生命的「道」，故而離開了這個「道」，意境就不復存在了。這就是意境的美學本質。

特別是《雄渾》中說詩歌意境要「超以象外，得其環中」，就講得更清楚。「超以象外」就是要超出有限的、孤立的物象。環是門的上下兩橫欄承受樞的空洞。樞入環中，便可旋轉自如，這是比喻對「道」的把握，同時，也是在講詩歌創作的方法和規律。「超以象外」就趨向於無限，如戴叔倫所說的「藍田日暖，良玉生煙」那樣，就能「俱似大道」，也就有了詩的意境了。

不過，司空圖所謂的「象」、「象外之象」，還不是「意」，而只是「象」（或者是「境」），是一種外在的審美客體。然而詩歌創作說到底是要由人來完成的。沒有人的介入，沒有主客體的結合，任何藝術作品的產生都是不可能的。故司空圖才在《與王駕評詩書》中提出了「思與境偕」的命題：「長於思與境偕，乃詩家之所尚者。」

這是說，在他看來，善於將「思」與「境」（「象外之象」）統一起來的人，是詩人中的佼佼者。可是「思」是什麼呢？這裏的「思」並非一般的心思或情意，而是指詩人的藝術想像和藝術靈感，也就是劉勰《文心雕龍》中所說的「神思」之「思」。「境」是審美客體（「象外之象」），它不但包括了「象」，還包括「象」外的虛空。顯然這裏的「境」，既指自然界的景物，同時也指社會生活裏的場景。故而，「思與境偕」是說詩人在審美創作的過程中，主體和客體的統一，靈感和形象的契合，這樣才能創造出情景交融的詩的意境。

從另一角度而言，「思與境偕」之說，又是在強調「思」由「境」出。沒有一定的「境」的觸發，什麼文思、靈感都不可能產生，從而也就不可能創造出詩的意境。這是司空圖關於詩的意境的一個很重要

的思想，也是對王昌齡詩歌意境說的一種概括[4]。

綜上所述，我們不難發現，所謂的「象外之象」（含「景外之景」）是司空圖追求的一種審美理想，一種詩歌創作中意蘊極其豐富的藝術境界。而「思與境偕」則是其創造詩歌意境的方法或一條必經的途徑，同時也是帶普遍性的符合美學原理的一條藝術規律，其內涵的深度和廣度都超過了皎然、劉禹錫關於「境」、「境象」的論說。因此，司空圖的「象外之象」與「思與境偕」之說，堪稱是唐代美學中最具有概括性的關於詩歌意境的創作論和審美觀。「象外之象」與「思與境偕」之說的提出，直接導致了王夫之的「情景論」的產生，也為後來王國維的「境界說」提供了一定的理論依據，可見其影響是很大的。

4　此處所謂的概括：是指對王昌齡在其《詩格》中所說的「心偶照境，率然而生」、「心入於境，神會於物」、「以境照之，思則便來」等說法的一種概括。

外師造化，中得心源
——唐代書畫美學中概括的、具有綱領性的畫論

　　張彥遠《歷代名畫記》卷十記載，唐代著名畫家、水墨山水畫創始人之一的張璪[1]，曾「自撰《繪境》一篇，言畫之要訣」。但是這篇畫論究竟講了些什麼，可惜已經失傳。該書又記載，一位名叫畢宏的畫家，見張璪作畫，用的是禿筆，且又不時以手指在素絹上塗抹，感到十分驚異。問他從哪裏學得這個本領時，張璪回答說：「外師造化，中得心源。」這八個字（以下簡稱「八字畫論」）自此成為指導繪畫創作的「千古名言」[2]，或者說「畫學的不朽箴言」[3]。

　　簡言之，所謂的「外師造化」，即以造化為師。既然要「師造化」（也就是老子所講的「法自然」）那麼，畫家在創作時，就不僅要師法自然萬物的外在形態，而且要師法自然萬物生生不息的內在精神。從「老師」那裏汲取一些藝術創作的養料（即從一定的自然外物觸發

1　張璪：字文通，吳郡（今江蘇蘇州）人。生卒年代不詳。主要活動在八世紀下半葉。張璪在唐代畫壇名氣很大，又創指畫與潑墨等新的技法。荊浩說他的水墨山水「曠古絕今，未之有也」。傳說他能雙管齊下，「一為生枝，一為枯枝，氣傲煙霞，勢凌風雲。槎櫱之形，鱗皴之狀，隨意縱橫，應手間出」。他畫的山水畫，「高低秀麗，咫尺重深，石尖欲落，泉噴如吼」（唐朱景玄《唐朝名畫錄》）。張懷瓘說他的畫：「精巧之跡，可居神品。」

2　李福順：《中國美術史》（瀋陽市：遼寧美術出版社，2000年），頁553。

3　阮榮春編：《中國繪畫通論》（南京市：南京大學出版社，2005年），頁100。

藝術靈感，引起藝術想像等等），從而才能表現造化自然的本性和本來面目。「中得心源」是與「外師造化」相輔相成、不可分割的一個整體創作過程，是指在「外師造化」的前提下，自然外物進入心胸，畫家將所描繪的對象在自己的「心」（大腦）中，進行分析研究，加工改造，並使主觀的思想情感和客觀事物的自然本性相契合，從而創造出新的不同於自然物象的審美意象。其大意正如劉勰在《文心雕龍．物色》篇裏所講的：「寫氣圖貌，既隨物以宛轉；屬採附聲，亦與心而徘徊」，都是強調藝術創作要忠於客觀對象，妙肖於自然外物，同時又要發揮主體的能動作用，在外物之上打上自己思想情感和理念的烙印。

對此，這裏有一篇文章很值得參證。它就是曾經見過張璪作畫的符載，以其目擊者的身份所寫下的《觀張員外畫松石序》，記敘的是張璪在陸探源家作畫的全過程，又有符載本人的觀感和評論，所以對於我們今天理解「八字畫論」很有幫助。時間是在「秋九月」，「坐客聲聞士凡二十四人，在其左右，皆岑立注視而觀之」。而張璪居於中間，「箕坐⁴鼓氣，神機始發」。這就很像莊子《養生主》中所說「解衣磐礴」的「真畫者」，不拘世俗禮法，當著眾人伸開兩腿坐著，在那裏凝神鼓氣。動筆之時，作者寫道：「其駭人也，若流電激空，驚飆戾天……毫飛墨噴，捽掌如裂。」又像是激情滿懷，筆墨奔放的吳道子型激情一派的畫家。而最後的畫面是：「松鱗皴，石巉岩，水

---

4 箕坐：古代一種不禮貌的坐法。像簸箕似的，伸著兩條腿坐著。

湛湛，雲窈紗[5]……若雷雨之澄霽，見萬物之情性[6]」。

符載最後不無讚歎地寫道：「觀夫張公之藝，非畫也，真道也。當其有事，已知遺去機巧，意冥玄化[7]；而物在靈府，不在耳目。故得於心，應於手；孤姿絕狀，觸毫而出。……則知夫道精藝極，當得之於玄悟[8]，不得之於糟粕。」

在符載看來，張璪的技藝，已不是一般的畫技，而是從「技」的層次進到了「道」的層次。其畫之所以能「見萬物之情性」，正是因為把握了萬物的本體和生命——道（也就是「玄」），從而才能超越繪畫技藝（「遺去機巧」），使萬物進入心胸（「物在靈府」），經過「意冥玄化」那樣的加工改造（這種加工改造，是來源於心理深層次的生命力量，而不是控制創作的理智知識），然後化為胸中的意象，這就叫做「得之於玄悟」。這時，主與客已融為一體，心與手也完全「玄化」，才能「得於心，應於手」地將萬物的「孤姿絕狀，觸毫而出」。這便是藝術創作的完成階段或者所謂的「中得心源」。

不難發現，張璪「外師造化，中得心源」之論，其哲學基礎和思想淵源，無疑是以道家理念為宗，為基礎的。然而由於張璪本人與佛門有著密切的關係（他不但為許多寺廟作過「心境雙寂」的壁畫，而

---

5 松鱗皴四句：皴：皴裂，皮細起也。巉：險峻貌。湛：深厚、安靜的樣子。窈：深遠。紗：遠望不明的狀態。四句意謂他畫的松，樹皮皴裂像魚的鱗甲那樣；石，像險峻的山岩一般；水，安靜又深厚的樣子；雲，深遠而飄渺的形象。

6 若雷雨二句：澄：澄清。霽：雨止。句意謂就像雷雨過後，天氣放晴那樣，萬物的性情，都看得非常清楚、鮮明。

7 意冥玄化：冥：幽深、昏暗。玄：玄妙。《玉篇》：「玄，妙也。」這裏，玄即老子的「道」。《老子》第一章：「道可道，非常道……故常無，欲以觀其妙；常有，欲以觀其徼。此兩者同出而異名，同謂之玄。玄之又玄，眾妙之門。」意指畫家將自然外物在心理的深層次上與「道」契合為一體，進行分析研究加工改造的活動。

8 玄悟：玄：道。悟：理解、醒悟。玄悟即妙悟，指畫家對「道」的一種理解和感悟。

且還寫過一篇題為《繪境》的畫論，「境」是佛學用語無疑，「中得心源」的「心源」[9]二字，又是禪宗理論的重要概念），故而有人認為張璪的「八字畫論」反映的思想精髓應是佛學，尤其是禪宗，而不是道家哲學。應當指出的是，這種說法儘管有其合理性的一面，然而由於禪宗畢竟不是印度的一種教派，而是中國化了的佛教，是唐代那個特定歷史條件下儒、釋、道三教合流的產物。禪宗在中國是既包含道家「自然無為」的思想，又融合了儒家「仁義道德」的要素[10]，簡單地將「八字畫論」的思想精髓歸之於禪，是片面的，不符合實際的。特別是「外師造化，中得心源」之論，其要在主體與客體的統一，「心源」與「造化」的契合。這又與莊子《達生》篇裏「梓慶削木為鐻」的故事中所謂的「以天合天，器之所以凝神者」的說法完全相似，故而應該說，「八字畫論」依然是以老莊思想作為其理論基礎，只不過又融入了其時流行的禪宗理念。

這一點，與王維水墨山水畫論「肇自然之性，成造化之功」的思想淵源，恰成鮮明對照。一個是以禪宗理念為主，同時又表達了一些老莊思想；一個是以老莊哲學為宗，同時又融入了一些禪宗理念。二人差不多是「同時」、「同論」，然其側重大不一樣。這都是其時儒、釋、道三教相互滲透、融合和補充的結果。

總之，張璪的「外師造化，中得心源」，是唐代書畫美學中具有

9　「心源」：北宋楊岐派禪師道完說：「古人見此月，今人見此月。此月鎮常存，古今人還別。若人心似月，碧潭光皎潔。決定是心源，此說更無說。」在禪宗看來，心源就是恒常不變的明月。心源就是心之源。心為萬法之源，所以說「心源」即真如，即般若，即智慧。

10　惠能法師《壇經》說：「我此法門，從上以來，先立無念為宗，無相為體」，與老子主張的「無為」、「無事」、「無欲」之間，可以看到其相似、相通之處。《壇經》說：「恩則親養父母，義則上下相憐，讓則尊卑和睦，忍則眾惡無喧」，又與儒家主張的「仁義道德」、「溫良恭儉讓」息息相通。

綱領性的畫論，對後世也影響極大。宋代郭熙在其《林泉高致》中提出「身即山川而取之」的命題；明朝王履在《華山圖序》中說：「吾師心，心師目，目師華山」；清代石濤在《石濤畫語錄》裏說：「山川脫胎於予也，予脫胎於山川也。搜盡奇峰打草稿也。山川與予神遇而跡化也」。這些著名的畫論，無不與「八字畫論」一脈相承。著名美學家葉朗稱譽張璪「八字畫論」說：「單是『外師造化，中得心源』這八個字，已足以使他在中國繪畫史上佔有不朽的地位了。」[11]善哉，此言不虛！

---

11 葉朗：《中國美學史大綱》（上海市：上海人民出版社，1985年），頁248。

神、妙、能
——中國書學史上最早、影響很大的書藝品鑒標準

    張懷瓘[1]是中國盛唐時期傑出的書法史家、書法理論家。他一生著有《書斷》、《書議》、《書估》、《書訣》以及《文字論》、《六體論》和《玉堂禁經》等十餘卷書。這些著作對書法的起源和發展、書法在社會生活中的地位、學書方法、書法技法理論、書法鑒賞、書法批評等，都有獨到深刻的見解和具體的闡述。可以說他的書論，涉及中國書法理論的方方面面，建構起中國古代書法理論的基本框架，對於書法藝術的發展、貢獻十分巨大。有人說張懷瓘是「中國美學史上繼孫過庭之後一位功勳卓著的書法美學巨擘」[2]，並非過譽之贊。

    張懷瓘關於書法的觀點很多，最引人矚目也是影響最大的是他在《書斷》中提出的「神」、「妙」、「能」論書「三品說」。

    一、神品。所謂的「神品」，是指內在的神韻與外在的風采高度

---

1 張懷瓘：唐開元時的書法家、書法理論家。生卒年代不詳。海陵（今江蘇泰州）人。曾任鄂州司馬、翰林院供奉、右率府兵曹參軍。工書，善真、行、小篆、八分書。高自矜飾，謂真、行可比虞（世南）褚（遂良），草欲獨步於數百年間。有多本書論著作。所作《畫斷》，久已忘佚，部分逸文僅存於張彥遠《歷代名畫記》。

2 《中國書法美學簡史》（北京市：文化藝術出版社，2001年），尹旭評語。

統一，達到了「神采」的極致境界。如他在《玉堂禁經》和《書議》中談到書法藝術的意象時所說的：「神采之至[3]，幾於玄微[4]」、「同自然之功」、「得造化之理」，而這種境界「惟觀神采，不見字形」（《文字論》）。可見它是「深認書者」心目中出神入化的一種境界。同時由於它「幾於玄微」（「玄」亦即「道」），又與「道」是相通的，「道」的特點是「自然無為」，所以這種「神采之至」的境界，又是無人工痕跡自然天成的，即是所謂「同自然之功」、「得造化之理」的產物。

對此，我們可從《書斷》中對王羲之的評語得到佐證。比如他說王羲之的書法：「千變萬化，得之神功，自非造化發靈，豈能登峰造極。」王羲之的書法之所以能「登峰造極」（列於「神品」），都是由於「得之神功」（即「神采之至，幾於玄微」），「造化發靈」（即「同自然之功」、「得造化之理」）的緣故。因此我們說「神品」，就是神采之至，自然天成的神化之品。

二、妙品。在《文字論》中張懷瓘曾指出，書法藝術僅僅服務於實用目的（即「闡典墳之大猷，成國家之盛業」）還不是藝術，必須「加之以玄妙」才是「翰墨之道」[5]。顯然，這裏的「妙」和老莊美學是有聯繫的。《老子》第一章說：「道可道，非常道……故常無，

3　神采之至：神：神奇、神韻。這裏「神」與創作主體的天資、情志有關。采：風采。是指外在的精緻的自然意象。神與采的關係，是「神待采而彰，采因神而豐」。至：極、最，達到了頂點。「神采之至」是說神與采互為表裏高度統一，達到了一種極致的境界。也就是「惟觀神采，不見字形」的出神入化的境界。

4　幾於玄微：幾：將近、接近。玄：深遠、玄妙。在這裏「玄」就是指「道」。蘇轍《老子解》：「凡遠而無所至極者，其色必玄，故老子常以玄寄極也。」以「玄」寄「極」，也就是以「玄」為「道」之意。張懷瓘在《文字論》中所說的，必須「加之以玄妙」，才是「翰墨之道」的「玄」，「若經意玄鑒，則物無遺照」的「玄」，均是指「道」。故「幾於玄微」，即接近於宇宙萬物的本體和生命——「道」那樣地微妙。

5　翰墨之道：翰墨：泛指書法用筆。翰墨之道即書法藝術的規律。

欲以觀其妙；常有，欲有觀其徼。此兩者，同出而異名，同謂之玄。」可見「道」具有「有」和「無」的雙重屬性。「妙」呢？代表「道」「無」的一面。「無」是什麼？「無」是指事物的無限性、無規定性，不能為感觀所感覺。張懷瓘之所以強調必須「加之以玄妙」才是「翰墨之道」，其關鍵也在於要求書法藝術要重「虛」，重「無」，講究「空白」，力求超出有限的具體物象，表現造化自然的本體和生命。這一點，與謝赫在《古畫品錄》裏講的「若拘以體物，則未見精粹，若取之象外，方厭膏腴，可謂微妙矣」非常近似。可見所謂「妙品」，既有「妙造自然」之意（即表現造化自然的本體和生命），又有「取之象外」之涵（即超出有限的物象，而通往「象外之象」的意境範疇）。只不過它「失之神而後妙」（張彥遠語），比神品要低一個等級罷了。

三、能品。能指能力、才能。能品，主要是指能體現書法藝術的章法，表現出書家才華，取得一定成就的作品。例如《書斷》中對列入能品的盧藏用的評語，說他的作品「雖闕於工[6]⋯⋯若況之前列，則有奔馳之勞，如傳之後昆[7]，亦有規矩之法」，就是說他的作品能體現書法藝術的章法。北宋朱長之在《續書斷》中評張懷瓘的草書：「如露花濯錦，淵月沉珠」，「繼以章草，新意頗多」，故將其列入能品。這是說他的書法有一定的成就，但尚未達到神、妙的地步。

張懷瓘為什麼提出「神」、「妙」、「能」三個範疇，涉及他對其時書壇的看法和評價。比如《書斷序》中有一段話說：

---

6 雖闕於工：闕：缺點、過錯。工：精、精巧。句意是說雖然不夠精巧。
7 昆：後裔、子孫。這裏泛指後代或後世。

「昔之評者，或以今不逮古，質於醜妍，推察疵瑕，妄增羽翼。自我相物，求諸合己，悉為鑒不圓通也。亦由蒼黃者唱首，冥昧者繼聲，風議混然，罕詳孰是。」

這是說，先前有的評論家，認為今不如古，以好看與否作為標準，挑剔別人作品的毛病，妄增證據。以個人的標準看待事物，這都是鑒賞水準不高，不能客觀評析所造成的。有的不負責任地宣導某種風格，糊塗人又隨聲附和，形成混亂紛紜的局面，很少有人能辨別是非。所以他才「輒欲芟夷浮議，揚榷古今。拔狐疑之根，解紛挐之結。考窮乖謬，……探索幽微，……」，意謂他每想剷除沒有根據的議論，評論古今，拔除糊塗認識的根源，解開紛亂的癥結。故研究各種荒謬的論點……探索幽微的道理。於是，為了「較其優劣之差」，這才提出「為神、妙、能三品，人為一傳，亦有隨事附著，通為一評，究其臧否[8]」。

這便是張懷瓘最早提出神、妙、能三品說的初衷和原由。

特別值得一提的是，張懷瓘不僅是書法理論家，還是繪畫理論家，據說，他還著有《畫斷》。其中提出的品鑒標準，與《書斷》提出的標準完全一致，都是「神」、「妙」、「能」三品。可惜《畫斷》久已失傳，僅部分逸文見於張彥遠的《歷代名畫記》。因此，關於神、妙、能三品說的提出，最初是源於《書斷》？還是出自《畫斷》？也就無從查起了。

不過，這並不重要，重要的是自從「兩斷」的「三品」說問世之

8　究其臧否：臧，善。否，音痞，惡、邪惡。意謂考究其善惡。這裡也就是究其優劣之意。

後，它在書、畫領域中所產生的巨大影響，卻是有據可查的。《畫斷》裏提出了神、妙、能的品鑒標準之後，不久，朱景玄在《唐朝名畫錄序》中便將其發展成為神、妙、能、逸四格。接著張彥遠在《歷代名畫記》中談到「畫體」時，又把「三品」、「四格」擴大為自然、神、妙、精、謹細五等。北宋黃休復《益州名畫錄》回到了「四格」，但卻作了順序上的調整，成為了逸、神、妙、能四格。書法方面，繼張懷瓘之後，晚唐時期的呂總受其影響，寫了《續書評》，北宋年間朱長之又從《書斷》中得到啟迪，寫下了《續書斷》；清朝包世臣《國朝書品》又把張懷瓘的「三品說」發展成為神、妙、能、逸、佳五品，並一一加以解說。

以神、妙、能「三品說」作為審美標準，來品鑒書家的書法藝術，這在中國書學發展中是具有歷史意義的創舉。《四庫全書提要》評點說：「書家有三品之目，自此書始。」我們之所以稱其為中國書學史上最早、影響很大的品評和鑒賞標準，其原因也在於此。

論畫六法
——隋唐美學中一種很有創意的繪畫創作方法論和審美觀

「六法」是藝術傳承的一個古老話題，早已有之，並非自謝赫始。只是到了南朝齊時，由於繪畫藝術的進一步發展，和文藝思想的高度活躍，謝赫的「圖繪六法」才應運而生（形成文字）。但是謝赫也只是提出六個方面：氣韻生動，骨法用筆，應物象形，隨類賦彩，經營位置，傳移模寫，並未多做解釋（參見第五十四篇）。

張彥遠[1]是中國畫史上全面論述「圖繪六法」的第一人。他在《歷代名畫記》卷一里所寫的「論畫六法」，值得我們高度關注。他解析了六法之間辯證的主從關係和依存關係，把六法看做是一個有機的整體。故而「論畫六法」，明顯是對「圖繪六法」的重大發展，是一種很有創意的繪畫創作的方法論和審美觀。

文章開始，作者便說：「古之畫或能移其形似，而尚其骨氣，以形似之外求其畫。……今之畫縱得形似而氣韻不生，以氣韻求其畫，

1　張彥遠（815-875）：唐代著名畫史家、畫論家。字愛賓，原籍河東（今山西永濟縣）。曾任尚書祠部員外郎、舒州刺史，乾符中官至大理寺卿。所著《歷代名畫記》十卷，包蘊宏富，見解深微，是中國第一部美術通史，被譽為畫史中的《史記》。此外，還著有《法書要錄》、《閑居受用》、《採箋詩集》，可惜後兩書已佚。

則形似在其間矣。」

這是突出強調氣韻（骨氣）在六法中第一位的重要性，並且明確指出「氣韻（骨氣）與「形似」是一種包含和被包含的關係。「氣韻」在謝赫那裏本來就有「神韻」、「神氣」的含義[2]，而「骨氣」是張彥遠從魏晉人物品藻中引進的一個概念，用來概括闡釋「氣韻」。所以，在一定意義上，「骨氣」亦即「氣韻」。但是由於作者分別將「骨氣」與「形似」、「氣韻」與「形似」兩相對舉，因而「骨氣」和「氣韻」便都具有了與「形似」相對的「神似」的含義（當然，這多少也是繼承顧愷之以來形、神問題上的觀點的緣故）。

因此，所謂的「尚其骨氣，以形似之外求其畫」，其實就是說，要做到「氣韻生動」，其必經途徑就是要在「形似」之外求其「神似」。可是「形似之外」是什麼？是「象外」，是「象外之象」。這又正如謝赫在《畫品》中所說的：「若拘以體物，未見精粹；若取之象外，方厭膏腴，可謂微妙矣」，意思也是說畫家創作，要突破有限的、孤立的物象，從有限進到無限。這樣創造出來的畫面才生動、有神，才有「象外之象」那種微妙的境界。

「以氣韻求其畫，則形似在其間矣」，是說畫家表現對象，首先要著眼於氣韻，在創作中，抓住了氣韻，造形就會神形兼備。這與李世民「吾臨古人之書，殊不學其形勢，惟在求其骨力，而形勢自生耳」[3]的說法，簡直是如出一轍，只不過一個是在論畫，一個是在言書而已。

2　謝赫《畫品》評顧愷之：「神韻氣力，不逮前賢。」評晉明帝：「雖略於形色，頗得神氣。」
3　《佩文齋書畫譜》卷五《唐太宗論書》。

在談到「骨氣」、「形似」和「用筆」的關係時，他又說：「夫象物必在於形似，形似須全其骨氣；骨氣形似皆本於立意而歸乎用筆，故工畫者多善書。」

這段話，作者顯然是引入了書法理論，對「六法」內容作出重要補充。比如：一、「象物必在於形似」，是說繪畫形象必須與真實的物形相似，這是對「形似」在繪畫中必要性的肯定。二、所謂的「形似須全其骨氣」，是說光有「形似」還不夠，還必須保全它的骨氣（畫面才生動，才有神韻）。這是強調「骨氣」（即「氣韻」）在繪畫中較之「形似」更為重要。三、「骨氣形似皆本於立意而歸乎用筆」，是說從「象物」到「形似」，從「形似」到「骨氣」都要以「立意」為根本，也就是說繪畫的各個環節都是要以「立意」為本、為根據。而且它們最終都要通過「用筆」，才能在畫面上來加以表現，這個道理與書法是相通的，所以最後歸結說：「故工畫者多善書。」但是「工畫者」為什麼「多善書」？其原因之一當然是他講的「書畫用筆同法」（見「論顧、陸、張、吳用筆」一節）；原因之二是由於書法家關於「意」、「筆」關係的理論與繪畫同理，並且為畫家借鑒和引用。

我們知道，「立意」的「意」是指畫家的創作意圖。「立意」是畫的基礎，是構思。它既是「骨氣」（「氣韻」）和「形似」的根本，又是「用筆」的前提。但「構思」畢竟是存在於畫家頭腦中的「腹稿」。要把「腹稿」變成「草稿」，成為可視的形象，就要講求佈局、章法。「章法」是什麼？章法就是依據於立意的「經營位置」。故而張彥遠明確地指出：「至於經營位置，則畫之總要。」這裏，所謂的「總要」是指其在六法彼此之間所佔的主導地位，一切形象都要受其

管轄。「氣韻」、「象形」、「用筆」、「賦彩」，都要待它確定安排好了之後，才能各司其職，以最佳的狀態來表現畫家的創作意圖——立意。

張彥遠以「立意為本」對「六法」所作的補充和修正，我們認為是恰切和精當的，反映了畫家創作的現實。

此外，張彥遠評價吳道子時說：「唯觀吳道子之跡，可謂六法俱全，萬象必盡，神人假手，窮極造化也。所以氣韻雄狀，幾不容於縑素[4]；筆跡磊落，遂恣意於壁牆[5]。」這也反映出在繪畫創作上他極力推崇「氣韻」和「用筆」的審美理念。這一論見，在理論上開了文人畫的先河，對後世文人畫的發展產生了很大的影響。

總之，由於張彥遠「論畫六法」對「六法」內容的補充，對「六法」各條的辨析和發揮，而使得「六法」的內涵更加豐滿和富有朝氣，這都是他對繪畫藝術所作出的重大貢獻。然而毋庸諱言，「論畫六法」的不足也是很明顯的。例如在談到第六法時說：「至於傳移模寫，乃畫家之末事。」不免有偏頗之譏。在談到「臺閣、樹石、車輿、器物」時，他認為這些都「無生動之可擬，無氣韻之可侔。直要位置背向而已」。這顯然是對繪畫多樣性的一種輕視，或忽略。不過，這些美玉之瑕，應該都不足掩蓋其光輝。

4　所以氣韻二句：縑素：作畫用的素絹。二句意謂所以他的氣韻生動雄偉之狀，幾乎在縑素的畫面上容納不了。
5　筆跡二句：指吳道子的壁畫。意思是說他的筆跡乾淨俐落峻偉，於是能夠在牆壁上任意發揮。

「畫盡意在」與「筆不周而意周」
——唐代書畫美學中極具中國特色的含蓄美論

　　張彥遠在《歷代名畫記》卷二「論顧陸張吳用筆」之中，曾兩次提到一個重要的命題：「意存筆先，畫盡意在。」一是在談到顧愷之用筆之時說：「意存筆先，畫盡意在，所以全神氣也。」意思是說「意存筆先，畫盡意在」是用來保全神氣（即充分表現「論畫六法」中所說的「骨氣」或「氣韻」）的。二是在談到吳道子用筆時說：「守其神，專其一，合造化之功。假吳生之筆，向所謂意存筆先，畫盡意在也。」意思是說畫家作畫之時，要精神高度集中，專心一志，按照（符合）自然造化的本性和特點，通過吳道子的筆，達到「意存筆先，畫盡意在」那樣微妙的境界。

　　那麼，什麼是「意存筆先，畫盡意在」呢？

　　簡言之，「意存筆先」講的是意與筆的關係——也就是說畫家的創作意圖（意），要在用筆之前確立，並用它來支配、指揮用筆。中國畫不同於西方油畫。西方油畫是用油畫顏料在布、板上面製作，畫壞了可以刮，可以重畫。中國畫則不然，使用的工具是筆、墨、紙、絹，就像用毛筆寫字一樣，用筆要肯定，要求下筆成形，畫壞了一般

沒有修改的餘地，所以必須意存筆先。當然，意在筆先這個問題，早在衛夫人、王羲之那裏，就已經多次談到過，並非張彥遠首創。但是他能夠把書法理論引進繪畫領域，而又有所發揮，的確也是對繪畫藝術的貢獻。

而「畫盡意在」，則是張彥遠在「論畫六法」基礎上提出的一個命題。其內涵既與「骨氣形似皆本於立意而歸乎用筆」有關，也與「尚其骨氣，以形似之外求其畫」相聯繫。

從表面上看，「畫盡意在」是說畫已經結束（「盡」）了，但意還未盡。其實，「意在」是指畫外的餘意並沒有結束，其意猶在（亦即意在畫外）。劉勰說：「情在詞外曰隱。」[1]謝赫說：「若取之象外，方厭膏腴，可謂微妙也。」[2]意思都是說，詩文也好，書畫也罷，只要是藝術創造，都要講求含蓄才耐人尋味。因為含蓄，可以引發想像和聯想，給人豐富、無限的美感。張彥遠強調：「古之畫，或能夠以其形似而尚其骨氣，以形似之外求其畫」，其原因也在於此。

當然，一幅畫達到「畫盡意在」的境界是很難的。在張彥遠看來，除了要依據「骨氣形似皆本於立意」的原則，和「意存筆先」的前提之外，還要靠「筆不周而意周」的用筆之妙。在「論顧陸張吳用筆」中他說：

「顧陸之神，不可見其盼際[3]，所謂筆跡周密也。張吳之妙，筆

---

1 劉勰《文心雕龍·隱秀》。參見第五十八篇。
2 引自謝赫《古畫品錄》評張墨、荀勖的畫時所講的一段話。
3 盼際：盼：眼睛黑白分明，看。際：交界處、邊際處。盼際此處指畫面線條交會之處。

才一二，象已應焉[4]。離披點畫，時見缺落，此雖筆不周而意周[5]也。若知畫有疏密二體，方可議乎畫。」

表面看，這段話把顧愷之、陸探微與張僧繇、吳道子兩個不同流派的繪畫，明確劃分為疏、密二體，並都給予高度評價：說顧陸用筆連綿不斷[6]，以線條周密表達了作品的思想（「神」），是「意周」。張吳用筆簡略，以很少的筆墨便勾畫出了對象的形神，同樣也是「意周」。其實，張彥遠認為張吳的疏體要比顧陸的密體更為高明。不是嗎？在「論畫體」一節裏，他提出的五個評畫標準（自然、神、妙、精、謹細），其中最忌諱的就是「畫物」「歷歷具足，甚謹甚細，而外露巧密」。也就是說在用筆上他反對面面俱到，搞繁瑣哲學。張吳那樣「筆才一二，象已應焉」，才是他推崇的含蓄的用筆之道，也是對「筆不周而意周」的詮釋和解答。

總之，「畫盡意在」與「筆不周而意周」所宣導和強調的，都是繪畫用筆內在的含蓄之美。正如李嗣真評董伯仁和展子虔，說他們「畫外有情」；顏真卿轉述張旭筆法十二意說「趣長筆短，雖點畫不足，常使意氣有餘」。這都充分說明中國書畫藝術所追求的這一原則（含蓄美），實則是最具中國特色的審美觀。

張彥遠的這一含蓄美論，不但對其時的書畫藝術產生了廣泛影響，而且還為後世寫意畫的繁榮和發展，奠定了堅實的理論基礎，起

4　筆才二句：應：應知、回應。筆才一二：是說用筆很簡練，沒有畫幾筆。象已應焉：是說氣韻生動的形象已經顯現出來了。

5　意周：意：指畫家的創作意圖。周：周密、完備。意周是說畫家的思想志意得到了周密而充分的體現。但由於張彥遠認為「骨氣形似皆本於立意」，因此「意周」在這裏，便含有骨氣形似都得到完美表現之意。

6　顧陸用筆句：見「論顧陸張吳用筆」中所講的：「顧愷之之跡，緊勁聯綿，迴圈超忽。」「陸探微亦作一筆劃，連綿不斷。」

到了推波助瀾的巨大作用。例如宋代寫意大師梁楷的寫意畫（人稱簡筆），就具有「筆不周而意周」的特點。他畫的《六祖伐竹圖》，描繪禪宗六祖慧能在寺裏做雜役僧時伐竹的情景，整幅畫僅六祖一人，穿著破衣，在一塊不大的土地上，蹲下身子伐竹。背景呢，大片空白，既無房舍，又無竹林。只有六祖手中拿的一根竹竿，竹梢上有幾片竹葉。六祖認真而自得的形象，筆墨極少，線條粗略，人物卻是一副「無念為宗」、專心一志的神態。這不正是「筆才一二，象已應焉」嗎？

其它如宋代寫意畫家倪瓚的《漁莊秋霽圖》，明代以徐渭、陳淳、周之冕為代表的寫意花鳥，以及清代的朱耷、鄭板橋的蘭竹、花鳥等等，他們的用筆都極其簡練、流暢、粗放，但形象卻非常的生動、盡態。看來他們的繪畫風格，都同屬張彥遠所謂的「疏體」之例，在一定程度上都體現了「畫盡意在」、「筆不周而意周」的審美追求。因此我們說，講求內在的含蓄之美，在中國書畫史上已經形成了一個優良的傳統，並且對當今書畫藝術的發展，也同樣具有很強的意義。

畫者，畫也，度物象而取其真
——唐五代書畫美學中精闢的、極具創造性的美真統一論

　　關於美真統一的問題，早在先秦時期莊子的《漁父》篇中就已經談到過。他說：「真者，精誠之至也。不精不誠，不能動人。」「真者，所以受於天也，自然不可易也，故聖人法天貴真。」但是他的這一觀點，是建立在「自然無為」之基礎上的，沒有人為的作用，更談不上審美主體的主觀能動性和創造性。後來東漢的王充也講到美和真的統一，在其《論衡‧超奇》篇中說：「實誠在胸臆，文墨著竹帛，外內表裏，自相副稱。」要求藝術作品的「事」要實，「理」要真。然而他在否定「虛妄之言」時，連「誇張」這一藝術手法也一起否定了。並且還聲稱：「圖畫不如文章。」認為圖畫這種藝術「金銀塗飾，其中無物益於饑，人不顧也」（《別通篇》）。可見他並不瞭解藝術真實和生活真實（包括歷史實錄）的區別。他的這一觀點，其實只是一種初級形態的真善美相統一的觀點。

荊浩[1]在其《筆法記》裏為繪畫所作的定義，卻是唐五代書畫美學中最精闢、最具創造性的美真統一論。他說：

　　「畫者，畫也，度物象而取其真。物之華，取其華，物之實，取其實，不可執華為實。若不知術，苟似可也，圖真不可及也。」

　　在荊浩看來，「畫」，是畫家的一種創造活動。它不是憑藉畫家個人主觀意願的隨意塗抹或編造，而是要通過「度」，即揣度體味，通過深入的觀察研究，才能獲得客觀外物內在的精神和本質。客觀物象有什麼樣的外表，就取其什麼樣的外表；客觀物象有什麼樣的實質，就取其什麼樣的實質。不可拿客觀物象的外表當做客觀物象的實質。如果不懂得這個方法，勉強可以做到形似，但要將客觀物象內在本質的東西反映出來，那就辦不到了（「圖真不可及也」）。

　　為什麼這樣說？荊浩認為，「似」與「真」是有區別的。他說：「似者，得其形，遺其氣；真者，氣質俱盛。」這裏的「質」是相對於「氣」而言的，「質」有形體之義，可視之為形質。所以這段話的意思說：「似」不過是做到了物象外在的形似，並不具有物象內在的精神氣質，了無生氣；而「真」則是形神兼備（華實結合），物象外在的形貌和內在的精神氣質都得到了充分的表現。可見「似」與「真」的區別，關鍵就在有沒有「氣」。一幅畫若有了「氣」，那就形也有了神也有了，畫就有了生命。反之，一幅畫若沒有「氣」（「遺其氣」），或「氣韻俱泯」，那這幅畫就「物象全乖，類同死物」，也

---

1 荊浩：字浩然。河南沁水（今河南濟源）人。生卒年代不詳。五代後梁山水畫家、畫論家。因躲避戰亂，隱居太行山的洪谷，自稱洪谷子。由於壯麗的自然風景的吸引，他說曾寫生松樹就達數萬本之多，可見他作畫是極其勤奮的。所著《筆法記》是重要的山水畫論著作。其中提出了一些高度概括的美學範疇，對於藝術的本質和藝術創作的規律作出了深入探討。畫作有《匡廬圖》傳世。

就沒有了生命。所以說「氣」是客觀外物的本體和生命，「氣」是獲得「真」的決定性的因素。離開了「氣」畫就不真，離開了「氣」畫也就不「美」。

這就是荊浩建立在「氣」之基礎上的美真統一論的實質。而且，從審美創造的角度來看，被他列為「畫有六要」之首的「氣」，即「心隨筆運，取象不惑」（畫家用藝術形象反映外界自然景觀時所達到的一種高度的自由性和清晰的確定性），還是他在繪畫創作上追求的一種最高的境界。

荊浩的「度物象而取其真」的美真統一論，之所以不同於莊子的「法天貴真」說，不同於謝赫的「圖繪六法」，其原因還在於他在《筆法記》中提出了「思」和「景」兩個重要的範疇。

荊浩說：「思者，刪撥大要[2]，凝想形物。」這個「思」在謝赫的「圖繪六法」中是沒有的，指的是畫家創作中的藝術想像活動。這種藝術想像（「凝想形物」）一方面既不脫離外物的具體形象，另一方面又要進行集中、提煉和概括（刪撥大要）。這種對於形象思維的論述和認識，便將先前顧愷之的「遷想妙得」、劉勰的「神思」之「思」都向前推進了一步。

荊浩說：「景者，制度時因，搜妙創真。」這個「景」則是對「思」的一種強調和補充。「搜妙創真」突出的是「搜」，是「創」，強調的是審美主體的主觀能動性和創造性，不是莊子的「自然無

2　刪撥大要：刪：裁定、裁取。撥：去除。大要：最主要的、本質的東西。句意與荊浩在另一處說的「去其繁章，采其大要」是一致的，都是說在構思中通過集中提煉和概括來選取其最主要的、本質的東西。

為」，或「純任自然」。「搜妙創真」的過程，也就是「刪撥大要，凝想形物」的過程。而「搜」和「創」的產物，便是「妙」和「真」相結合的「景」，也就是表現自然山水本體和生命的審美意象。只不過這個「景」（美真統一的審美意象），是要根據自然山水季節條件不同的變化（「制度時因」）來加以表現，而不是一成不變的。

由此可見，荊浩關於「度物象而取其真」，以及對「思」、「景」兩個範疇的論述，的確是非常精闢的，最具創造性的。他的美真統一論，也充分體現了中國山水畫的特點和優點，其意義和貢獻是不可低估的。

在荊浩之後，關於美真的討論歷代不絕。宋代董逌說：「妙於生意，不能失真，如此矣，是能進其技。」（《廣川畫跋》卷三《書徐熙牡丹圖》）明代王世貞說：「大抵五代以前畫山水者少，……至關仝、董源、巨然輩，方以真趣出之，氣概雄遠，墨韻神奇。」（《藝苑卮言·論繪畫源流》）清代鄒一桂在《小山畫譜》說：「花如欲語，禽如欲飛，……觀者但見花鳥樹石而不見紙絹，斯真脫矣，斯真畫矣。」這些論述，在求美圖真這一焦點上，與荊浩所說的「度物象而取其真」、「搜妙創真」之說，都是完全合拍、息息相通的。並且由於他們的共識和影響，在中國繪畫理論發展史上，求美圖真已經形成了一個優秀的傳統，由此也可看出荊浩的影響。

昌明文庫·悅讀文化　　A0605006

中華美學選萃　中冊

作　　　者	童汝勞
責任編輯	蔡雅如

發 行 人	陳滿銘
總 經 理	梁錦興
總 編 輯	陳滿銘
副總編輯	張晏瑞
編 輯 所	萬卷樓圖書股份有限公司
排　　版	菩薩蠻數位文化有限公司
印　　刷	百通科技股份有限公司
封面設計	菩薩蠻數位文化有限公司

出　　版　昌明文化有限公司

桃園市龜山區中原街 32 號

電話　(02)23216565

發　　行　萬卷樓圖書股份有限公司

臺北市羅斯福路二段 41 號 6 樓之 3

電話　(02)23216565

傳真　(02)23218698

電郵　SERVICE@WANJUAN.COM.TW

大陸經銷

廈門外圖臺灣書店有限公司

　　電郵　JKB188@188.COM

ISBN 978-986-496-004-0

2017 年 7 月初版

定價：新臺幣 280 元

如何購買本書：

1. 劃撥購書，請透過以下郵政劃撥帳號：

　　帳號：15624015

　　戶名：萬卷樓圖書股份有限公司

2. 轉帳購書，請透過以下帳戶

　　合作金庫銀行　古亭分行

　　戶名：萬卷樓圖書股份有限公司

　　帳號：0877717092596

3. 網路購書，請透過萬卷樓網站

　　網址　WWW.WANJUAN.COM.TW

大量購書，請直接聯繫我們，將有專人為您
服務。客服：(02)23216565　分機 10

如有缺頁、破損或裝訂錯誤，請寄回更換

國家圖書館出版品預行編目資料

中華美學選萃 ／ 童汝勞著. -- 初版. -- 桃園
市：昌明文化出版；臺北市：萬卷樓發行,
2017.07　冊；　　公分. -- (昌明文庫. 悅讀文
化)

ISBN 978-986-496-004-0(中冊：平裝). --

1.中國美學史　2.文集

180.92　　　　　　　　　　　　106011185

本著作物經廈門墨客知識產權代理有限公司代理，由機械工業出版社授權萬卷樓圖書
股份有限公司出版、發行中文繁體字版版權。